Ponto-final

Marcos Nobre

Ponto-final

A guerra de Bolsonaro
contra a democracia

todavia

Para Carolina

é difícil defender,
só com palavras, a vida.

João Cabral de Melo Neto, *Morte e vida severina*

É fácil chamar Bolsonaro de burro, de louco, ou das duas coisas. Só que isso não ajuda em nada a entender o que estamos vivendo. Pior, é uma maneira de dizer que não há nada para entender, é uma maneira de se desobrigar de pensar. E desobrigar de pensar é um dos grandes objetivos do projeto autoritário de Bolsonaro. Não bastasse isso, o xingamento despolitiza: como todo político autoritário, Bolsonaro se apresenta como não político. O xingamento diz que o atual presidente de fato funciona segundo outra lógica que não a da racionalidade política.*

O xingamento também retira de Bolsonaro a responsabilidade por seus atos e palavras: burros e loucos não podem ser responsabilizados pelas burrices e pelas loucuras que falam e que cometem. E tentar tirar a culpa do próprio colo e jogar no colo alheio é justamente o método Bolsonaro de fazer política. Segue a mesma lógica ilusória da despolitização: onde há culpados não pode haver responsáveis. Porque o culpado deve ser abatido. E quem é politicamente responsabilizado deve apenas perder eleições e capacidade de governar, não deve ser eliminado.

---

* Muitos pressupostos do que apresento aqui estão em artigos que publiquei na revista *Novos Estudos* (no número 105, de julho de 2016), na revista *piauí* (em junho e dezembro de 2018 e em abril e dezembro de 2019), no caderno Ilustríssima da *Folha de S.Paulo* (em março e abril de 2020). É inevitável que reapareçam aqui — literalmente, algumas vezes. Mas nem sempre foi possível retomar os argumentos em toda a sua extensão. Uma consolidação dos textos produzidos até o final de 2019 poderá ser encontrada na minha contribuição ao volume organizado por Klaus-Gerd Giesen, *Ideologies in World Politics* (Berlim: Springer, 2020).

A frequência com que Bolsonaro é chamado de burro, de louco, ou das duas coisas, mostra o quanto o atual presidente conseguiu impor uma maneira de pensar, o quanto conseguiu alcançar uma verdadeira demissão da inteligência — e ele é que é o burro. Bolsonaro conquistou essa hegemonia no debate não porque ganhou a eleição, simplesmente. Conseguiu porque passamos a aceitar debater e pensar nos termos dele. Se esse é o burro louco, está para nascer o sabichão equilibrado que será páreo para ele.

Essa cultura política bolsonarista segue a lógica da guerra — e a cultura da morte que a acompanha. É uma política da morte que considera conversa-fiada a ideia de que a disputa política se faz sobre um terreno comum compartilhado e compartilhável. Quando a política se torna guerra, só o que existe é uma luta de vida ou morte, em que apenas um lado pode sobreviver. A política da guerra inviabiliza a convivência democrática, em suma. Serve perfeitamente ao objetivo principal de Bolsonaro desde sempre, que é destruir a democracia. E, na pandemia, a política da morte destrói vidas.

Não é à toa que não se fala mais em polarização. De fato, virou outra coisa. Polarização não é necessariamente ruim, pelo contrário. Desde que não seja artificial, é necessária e benéfica para a democracia. A democracia só fica ameaçada quando se passa da polarização para a guerra. Essa a verdadeira vitória de Bolsonaro. Fez quem defende a democracia pensar e agir com as mesmas armas destruidoras da democracia que ele usa.

Sair dessa armadilha exige tratar Bolsonaro como o que ele de fato é, como um político que age segundo a racionalidade e a lógica da política. Se essa lógica e essa racionalidade estão distantes do que tínhamos nos habituado a ver, se a irresponsabilidade criminosa do atual presidente custará vidas que seria possível salvar, é porque o jogo até pode ter permanecido o mesmo, mas as regras mudaram. Ainda chama democracia, mas virou a arma que uma parcela do eleitorado põe na cabeça das outras parcelas do eleitorado. E isso Bolsonaro não poderia ter feito sozinho.

Bolsonaro poderia ter tomado a crise sanitária como uma oportunidade para aumentar significativamente sua popularidade, poderia ter se colocado como líder da união nacional em um momento de emergência. É importante entender por que não o fez. E aqui algumas comparações podem ajudar. Boris Johnson, primeiro-ministro do Reino Unido e, como Bolsonaro, líder antissistema, conseguiu se recuperar e ser aprovado pela maioria do país mesmo depois das desastrosas atitudes que tomou no momento em que a pandemia exigia respostas firmes e rápidas. Mesmo com todas as barbaridades que perpetrou a propósito da pandemia, o presidente dos Estados Unidos, Donald Trump, conseguiu, em março de 2020, que sua taxa de aprovação superasse a de desaprovação pela primeira vez desde o início do seu mandato.

Não foi o caso de Bolsonaro. E, no entanto, o atual presidente teve acesso a projeções tétricas do número de mortes em relatórios do Gabinete de Segurança Institucional (GSI) bem antes de ir a uma manifestação contra o Congresso e contra o STF no dia 15 de março, muito antes de fazer o pronunciamento em cadeia de rádio e TV do dia 24 de março em que classificou a contaminação por Covid-19 como "gripezinha" e "resfriadinho". Mesmo depois de os números oficiais já terem superado os milhares de mortes — números sabidamente muito subestimados —, Bolsonaro continuou a produzir aglomerações e a distribuir abraços e selfies. Transformou em um ritual macabro dos domingos ir a atos públicos em que manifestantes exigem coisas como um novo AI-5, o fechamento do Congresso e do STF, uma intervenção militar. Bolsonaro ataca governadores e prefeitos que adotam medidas de isolamento social, quarentenas e lockdowns, recusa-se a produzir um plano de emergência econômica à altura da necessária sustentação de pessoas e de empresas.

Por que agiu dessa forma? A resposta curta é: por surpreendente que possa parecer, Bolsonaro agiu dessa forma por fidelidade a seu projeto autoritário. A resposta longa é a que apresento neste livro.

Entender Bolsonaro como um político movido pela racionalidade própria da política exige tentar entendê-lo nos termos da política da guerra e da morte que o guia. Exige tentar entender como a própria política virou guerra, como foi possível a eleição de Bolsonaro, que tipo de governo ele liderou até a chegada da Covid-19 ao país e o que a pandemia significou para a maneira de fazer política que ele instaurou. A ideia é apresentar um quadro o mais complexo possível na resposta a essas muitas perguntas.

Se esse quadro se mostrar convincente, a consequência prática dele será indicar a dificuldade e a complexidade de qualquer saída das crises sobrepostas que enfrentamos. A ausência de soluções simples não é sinônimo de ausência de soluções. É, ao contrário, o que talvez nos permita pensar um pouco mais adiante também. Um adiante que possa significar deixar para trás a política como guerra. Com muito esforço e alguma sorte, talvez esse adiante possa vir a ser também uma regeneração da democracia que estivemos e ainda estamos sob o risco de perder.

"Ponto-final" é uma das expressões prediletas de Bolsonaro, especialmente ao lidar com a imprensa. Uma expressão que ele tem usado com cada vez mais frequência, quanto mais difícil de sustentar se torna sua posição. Ao lado do "tá okey?", "ponto-final" é típica expressão do caráter autoritário do atual presidente. Não só exige ter sempre a última palavra, mas pretender decretar e impor o momento em que qualquer discussão tem de ser encerrada, o momento em que não pode haver outra opção exceto silenciar.

Não por acaso, "Ponto-final" é também o nome que recebeu na Argentina a lei de 1986 que paralisou processos contra agentes da ditadura militar e que pretendeu fazer como Bolsonaro: impor o silêncio. Não funcionou. A lei foi definitivamente declarada inconstitucional em 2005, provocando a retomada dos processos e levando à prisão diversos agentes da ditadura, incluindo generais que ocuparam a presidência da república na Argentina.

Também não vai funcionar por aqui o "ponto-final" que Bolsonaro gostaria de decretar em relação à pandemia e a todos os problemas associados a ela. Não conseguirá decretar "ponto-final" em relação à possibilidade de seu impeachment, por exemplo. Nem conseguirá o silêncio que gostaria de poder decretar em relação a investigações sobre ele e sobre seus familiares. Ao contrário, o mais provável é que a resposta do atual presidente à emergência pandêmica tenha aberto pela primeira vez a possibilidade de colocar um ponto-final em seu projeto autoritário.

Acontece que a expressão "ponto-final" não é apenas ambígua, é também traiçoeira, volta-se sempre contra quem faz uso dela. Chamar Bolsonaro de burro ou de louco, por exemplo, também trai, no fundo, um desejo de pretender decretar um ponto-final, fim de discussão. E esse é um erro grave. Porque mesmo que a atual crise venha a representar de fato um fim de linha para o projeto autoritário de Bolsonaro, nem de longe isso representará por si só o fim da ameaça à democracia.

Começar pelo princípio exige partir do fato de que a pandemia de Covid-19 não nos torna iguais. Nem o pós-pandemia nos tornará automaticamente mais iguais. A crise econômica global já dura doze anos sem solução durável à vista. A crise econômica brasileira tem metade desse tempo, mas foi ainda mais aguda e brutal do que em outros lugares. Nossa crise institucional conta nada menos que sete anos.

A pandemia só significará uma saída desse buraco fundo que cavamos se fizermos muita política, se tivermos disposição e acumularmos forças suficientes para chegar a compromissos inéditos no país. Porque a crise pandêmica não só não nos torna iguais: ela escancara todas as nossas desigualdades, todas as fraturas sociais que já existiam antes de a Covid-19 chegar. As doenças e as mortes têm cor, classe social, idade, localização no espaço, escolaridade. Atingem com desproporcional dureza a população negra, pobre, idosa, moradora das muitas periferias, de menor escolaridade e sem acesso de qualidade à internet.

Crises escancaram o funcionamento "normal" da vida. Por isso, quando falo aqui em crise não estou supondo nem propondo que haverá uma "volta à normalidade". Pelo contrário. Não há nem haverá um "normal" para o qual seja possível ou desejável voltar. Isso seria tão ilusório quanto a fantasia oposta, aquela que diz que "as instituições estão funcionando normalmente". Até mesmo a reaparição de um mundo em que abraços são possíveis não será uma volta ao mesmo mundo de antes. Tentar compreender a "normalidade da crise", como faço aqui, vem com a expectativa de avançar no pensamento e na ação. Para outro lugar que não aquele em que estávamos antes de Junho de 2013. Para outro lugar que não aquele em que estávamos antes da pandemia.

Na política, a pandemia escancarou os bastidores do palco mais recente da longa crise do país, o palco que tinha sido montado por Bolsonaro desde a eleição de 2018. Escancarou sua maneira de governar, seu projeto e seus objetivos últimos, sua tática e sua estratégia. Escancarou também o ponto fraco do arranjo que tinha montado. E, não por último, escancarou uma vez mais o colapso institucional em que vivemos desde 2013.

Colapso não significa aqui parar de funcionar. Com a pandemia veio o colapso do sistema de saúde, por exemplo. Mas isso não significou que hospitais, unidades básicas de atendimento e enfermarias pararam de funcionar. Pelo contrário, funcionam em condições de emergência, muito acima de sua capacidade de atendimento. Colapso significa aqui que o sistema de saúde não conseguiu dar conta de atender como atendia em momentos que não o da pandemia.

Algo semelhante acontece com instituições. Elas entram em colapso quando quem faz parte delas deixa de agir segundo as regras que todo mundo espera que estejam sendo seguidas. A instituição se torna imprevisível não porque os resultados que produz sejam imprevisíveis — a relativa indeterminação dos resultados é própria do funcionamento de uma democracia. A instituição se torna imprevisível porque não se sabe como os resultados foram obtidos, segundo quais regras. As regras deixam de ser simplesmente indeterminadas, elas se tornam arbitrárias e intransparentes. E aí a instituição começa a funcionar de maneira disfuncional: deixa de se pautar por sua própria história de procedimentos e de decisões e produz resultados casuísticos e arbitrários.

Isso não aconteceu só no Brasil. O tema recorrente e global da "crise da democracia" está aí para provar isso. Mas, no caso da pandemia, mesmo com um clima geral de estresse institucional, a maioria dos governantes mundo afora conseguiu bem ou mal melhorar suas taxas de aprovação no combate à Covid-19, mesmo aqueles que primeiramente minimizaram a magnitude da ameaça, mesmo aqueles que depois foram punidos por terem inicialmente subestimado a dimensão da ameaça. Bolsonaro, ao contrário, foi daqueles três ou quatro líderes globais que não conseguiram manter ou melhorar seus índices de aprovação. A desaprovação de Bolsonaro aumentou significativamente em poucas semanas a partir do agravamento da pandemia no país, e o atual presidente tende a perder muito em índices de aprovação em um tempo relativamente curto, de poucos meses.

Para tentar responder à pergunta pelas razões de Bolsonaro para agir como agiu é preciso olhar com atenção para a decisão fundamental que ele tomou no momento mais crucial. É preciso entender por que, desde que ficou evidente que a pandemia iria atingi-lo em cheio, ali pelo início de março de 2020, Bolsonaro decidiu refugiar-se no seu bastião mais fanático de apoiadores. Entender as razões dessa decisão significa também estabelecer a racionalidade das ações de Bolsonaro.

O núcleo duro bolsonarista representa apenas uma parcela da base de apoio com que Bolsonaro contou desde o início de seu mandato. Segundo as pesquisas disponíveis, até o agravamento da crise sanitária da Covid-19, Bolsonaro tinha estabilizado sua base de apoio em cerca de um terço do eleitorado.* A manutenção dessa base de apoio nessa dimensão foi um objetivo conscientemente buscado por ele. O apoio de cerca de um terço do eleitorado foi pensado como sendo suficiente para evitar a ameaça de um impeachment por parte do "sistema". E foi calculado como sendo suficiente para conquistar uma vaga no segundo turno na eleição de 2022. A ideia era chegar novamente ao segundo turno e, então, demonizar de tal maneira o adversário que fosse possível alcançar uma ampliação forçada dessa base de partida, conquistar maioria e vencer pela segunda vez a eleição presidencial.

A fidelidade desse um terço de apoio de Bolsonaro no eleitorado dependeu da encenação da luta da "nova" contra a "velha" política. E do fato de Bolsonaro governar apenas para esse

---

* Desde que começaram a ser divulgadas as pesquisas de avaliação da presidência de Bolsonaro, em março de 2019, viu-se uma relativa estabilidade, com uma divisão do conjunto do eleitorado em aproximadamente três terços. Foi assim que a série de pesquisas do Datafolha apontou avaliações de ótimo ou bom com 32% no começo de abril de 2019, 33% no início de julho, 29% no final de agosto, 30% em dezembro; ruim ou péssimo registrou 30% no começo de abril de 2019, 33% no início de julho, 38% no final de agosto, 36% em dezembro; a avaliação como regular foi de 33% no começo de abril de 2019, 31% no início de julho, 30% no final de agosto e 32% em dezembro. Desde que se iniciaram os movimentos de isolamento e de distanciamento social em razão da pandemia, os institutos de pesquisa têm realizado levantamentos apenas na modalidade remota, por telefone, sem entrevista presencial. Isso provoca uma ruptura importante na leitura da situação, já que prejudica em muito a comparabilidade das pesquisas no tempo. O aperfeiçoamento metodológico de pesquisas em modalidade remota e o estabelecimento de séries temporais deve novamente permitir uma leitura mais precisa da situação atual.

um terço. Isso pode ser visto, por exemplo, na relação com o Congresso. Bolsonaro está interessado apenas em temas e legislação que afetam o eleitorado que o apoia. Todo o resto é deixado para os "políticos".

Bolsonaro nunca pretendeu governar para todo mundo. Para ele, quem diz que governa para todo mundo mente e engana, faz "velha" política. Quem diz que governa para todo mundo faz parte do "sistema". Quem já se deu conta desse tipo de enganação — assim prossegue a "narrativa" — sabe que governar é submeter o resto à vontade de um grupo. E Bolsonaro trouxe a ideia de que estava na hora de mudar o grupo dirigente, que estava na hora de submeter o restante do país ao grupo dos "autênticos brasileiros", do "verdadeiro povo".

Para alcançar seu duplo objetivo de evitar o impeachment e se reeleger, Bolsonaro contava também com a divisão do restante do eleitorado. Com alguma variação, as pesquisas de opinião sobre o presidente mostraram que, até o agravamento da pandemia no país, o conjunto do eleitorado se dividia em três terços: aprovação, rejeição, nem aprovação nem rejeição. Não importa aqui se o eleitorado se divide exatamente em três terços. O que importa é que se consolidou na política institucional uma tática de organização que se baseia na divisão em três partes, seja lá o tamanho que tenha cada uma. Para a manutenção dessa lógica, o que não pode acontecer é alguma das partes cair para um patamar abaixo de um quinto do eleitorado.

A tática de cada terço foi a mesma: fidelizar o eleitorado que acredita ser seu. Não houve empenho por parte de nenhuma das forças em fazer aliança com um dos outros dois terços, não houve empenho em minar a base de Bolsonaro ou em estender a própria base para além de seu um terço. Como a cultura política da guerra se espalhou por toda a sociedade, falou mais alto a lógica das trincheiras, da guerra de posições.

Foi assim que a tática de cada um dos três terços reforçou a dos demais, tornando-se uma tática compartilhada por todas as forças políticas. O que, por sua vez, reforçou a posição de Bolsonaro, já que ele não tinha possibilidade de estender sua base antissistema para além de um terço do eleitorado. Pelo menos até a eleição de 2022.

Com a chegada da crise pandêmica, Bolsonaro fez o movimento de recuar e de se refugiar junto ao núcleo de apoio mais fanático dentro do aproximado um terço de apoio que teve de março de 2019 até o momento anterior ao agravamento da crise pandêmica e da recessão. Segundo a melhor estimativa de que dispomos, esse núcleo duro de apoio a Bolsonaro representa algo como 12% do eleitorado.* Bolsonaro se recolheu a esse bastião fiel porque se sentiu ameaçado em nível máximo pela crise sanitária e pela crise econômica que a acompanha, porque viu a ameaça de impeachment se tornar real.

A perda de base de apoio pode levar o eleitorado que não pertence a esse seu bastião mais fanático a formar uma grande frente política para levar adiante um impeachment. Uma frente confusa e policêntrica como costumam ser as frentes amplas típicas de um impeachment em defesa da democracia, mas uma frente que dissolveria, pelo menos momentaneamente, a lógica imobilizadora e mesmo paralisante dos três terços.

Enquanto dispôs do apoio de cerca de um terço do eleitorado, Bolsonaro sempre provocou o "sistema" a abrir um processo de impeachment contra ele. Sabia que conseguiria não só escapar ao processo como sair dele maior do que antes. Com apoio de um terço do eleitorado e sem crise econômica à vista, seria a situação perfeita para consolidar sua base de sustentação social e, talvez, até mesmo ampliá-la. Enquanto fosse um movimento sem chance real de sucesso, a ameaça de impeachment favorecia Bolsonaro em sua tática antissistema.

---

* O exercício do Datafolha do início de setembro de 2019 apontou essa porcentagem de 12% como aquela correspondente aos bolsonaristas "heavy". Nesse momento, a aprovação de Bolsonaro (ótimo ou bom) alcançava 29%.

A retirada estratégica de Bolsonaro para seu bastião mais fiel coincidiu também com a decisão de montar um governo de guerra. Foi essa decisão que o levou a acrescentar à crise sanitária e à crise econômica uma crise política. Um governo de guerra não contra o vírus, mas, sobretudo, contra o impeachment — o que inclui tentar bloquear persecuções judiciais de maneira mais ampla. Desde que ficaram claras a extensão e a gravidade da crise pandêmica, Bolsonaro iniciou negociações com a expressão máxima do "sistema" que diz combater sem trégua, com o chamado Centrão, especialmente visível na Câmara dos Deputados, mas nem por isso ausente do Senado Federal.

A coincidência dessa manobra com o recuo para o núcleo duro de bolsonaristas fanáticos se explica porque apenas esse bastião fiel pode vir a ser convencido de que o acordo com o Centrão não desmonta todo o discurso com que Bolsonaro fez campanha e com que se elegeu. E somente um núcleo de apoio incondicional poderá entender que Bolsonaro ponha para fora do governo ministros com aprovação superior à sua própria em um momento de emergência nacional, como foi o caso de Luiz Henrique Mandetta. Também Sérgio Moro não foi considerado como confiável para integrar um governo de apoio incondicional. Mas a demissão do ministro da Justiça e da Segurança Pública teve muitos outros sentidos além de uma popularidade maior que a de Bolsonaro em um momento de crise e de fraqueza. Da mesma forma como teve um impacto negativo incomparavelmente maior.

Chegarei a esse imbróglio característico da fase pandêmica do governo Bolsonaro. Para tanto, preciso antes tentar remontar as peças que levaram à vitória de Bolsonaro na eleição de 2018 e ao estilo de governo que ele implementou em seus primeiros quinze meses de mandato.

Ainda durante a eleição, em texto para o site da *piauí* de outubro de 2018, caracterizei Bolsonaro como o candidato do colapso.

Desde 2013, as instituições funcionam de maneira disfuncional. Funcionam sob permanente suspeita, encontram na sociedade apenas desconfiança e rejeição. Foram identificadas a tudo de ruim que se passa no país, são as fontes de todas as maldades cotidianas. Os nomes dos culpados podem variar. Mas são sempre nomes do "sistema".

Bolsonaro venceu a eleição de 2018 porque conseguiu canalizar para sua candidatura a devastação social e institucional das crises sobrepostas que nos afligem desde 2013. Mas foi além. Em uma situação em que todas as instituições estão sob permanente suspeita, Bolsonaro transformou a devastação em estilo de governo. Precisou do colapso para se eleger. E precisou ainda mais desse mesmo colapso para se manter no poder.

Em outro artigo para a revista *piauí*, de abril de 2019, procurei mostrar como o fomento permanente do colapso institucional como maneira de governar mostra que há método no caos produzido por Bolsonaro. Ou, mais exatamente, que o caos é o método. Bolsonaro sempre desafiou o "sistema", ganhou como candidato outsider. Mas foi também como pretenso outsider que atuou desde o primeiro dia de mandato como presidente. Governar para ele seria o mesmo que se render ao "sistema".

Por isso é que Bolsonaro se lançou à reeleição com menos de seis meses no cargo. Por isso precisa estar em campanha permanente. Em campanha contra o "sistema". Mesmo sendo presidente. Porque Bolsonaro é um presidente antiestablishment, um presidente antissistema. Entender essa expressão paradoxal é fundamental para entender seu estilo de governo. É fundamental para entender como ele se apresenta como a única resposta possível para o caos que ele próprio produz.

A manutenção dessa maneira paradoxal de governar depende ainda de outro elemento essencial. Em um texto de março de 2020 para o caderno Ilustríssima da *Folha de S.Paulo*, descrevi Bolsonaro como um parasita político. Com isso, pretendi dizer que seu parasitismo é o complemento necessário de seu método do caos, que uma coisa não vai sem a outra. Porque, desde a posse de Bolsonaro, o "sistema" continuou mantendo a normalidade dos serviços públicos. Pode-se reclamar da qualidade, pode-se reclamar da abrangência. Mas o fato é que escolas e hospitais continuaram abertos e em funcionamento, a merenda escolar continuou a ser servida, cirurgias continuaram a ser realizadas. E benefícios e aposentadorias continuaram sendo pagos como sempre, a energia e a água continuaram sendo fornecidas regularmente. E assim por diante.

Ou seja, o Estado e a burocracia continuaram funcionando, mesmo sob ataque permanente de Bolsonaro, que não perdia uma única oportunidade de denunciar todas as maldades e mazelas do "sistema" que ele próprio deveria presidir. O "sistema" continuou funcionando, mesmo sob ataque de ministros de Bolsonaro que imitam o chefe em tornar impossível a vida de quem trabalha nesses ministérios. Os escalões inferiores da burocracia permaneceram fiéis ao compromisso de não deixar que os serviços públicos fossem interrompidos, não importa o grau de disrupção imposto por seus chefes. Seguiram e seguem procedimentos e protocolos estabelecidos por governos anteriores para manter os serviços funcionando. Os mesmos governos que são demonizados cotidianamente pelo bolsonarismo. Desde que Bolsonaro assumiu, o governo funciona apesar de seu presidente.

Em suma, não é apenas que Bolsonaro não significa a superação do colapso institucional que vivemos desde 2013. Ele representa a normalização do estado de crise, a transformação do colapso em forma de governar. Se o caos como método depende do parasitismo político de Bolsonaro, esses dois lados da mesma moeda só são possíveis em uma situação de colapso institucional não apenas duradouro, mas conscientemente buscado e fomentado.

No caso da pandemia, Bolsonaro levou o caos como método ao limite. Interpretou a Covid-19 como uma manobra política para tentar enquadrá-lo no "sistema". E a interpretação tem lá sua razão de ser: de fato, não há como combater o vírus e enfrentar a crise econômica que acompanha a crise sanitária sem governar, algo que Bolsonaro não pode nem pretende fazer. É preciso mais do que governar, aliás: é necessária uma gigantesca reorganização do "sistema". Nem mesmo fazer funcionar o "sistema" é mais suficiente, o desafio é de outra ordem de grandeza, exige um esforço adequado a uma emergência nacional. Por isso mesmo, não existe a possibilidade de que Bolsonaro vá além do que já não fez, não existe a possibilidade de que vá fazer um esforço que exige ir ainda além de governar no sentido habitual do termo.

Quer dizer, a possibilidade até existia. Mas tornar essa possibilidade real exigiria que Bolsonaro mudasse seu projeto, exigiria que aceitasse as regras democráticas e governasse. Não foi o que fez. Bolsonaro continuou a identificar "democracia" com "sistema". Como procurei mostrar em um artigo para a revista *piauí* de dezembro de 2018: "O capitão está disposto a perder tudo se for necessário, mas nunca se renderá. É isso o que parece incompreensível para quem pensa em amansá-lo ou espera que a camisa de força venha a lhe tolher os movimentos. Incompreensível porque é revolucionário, justamente. O mesmo velho sistema político que se horrorizou com as pretensões hegemonistas do PT vai descobrir que o partido de Lula era um partido tucano em comparação com o projeto hegemonista que Bolsonaro representa. Vai descobrir que o 'nós contra eles' petista, que tanto horror provocou, era brincadeira infantil perto do que fará o capitão-presidente. Agora é 'nós contra a rapa'".

Também no seu parasitismo Bolsonaro não está sozinho. O atual presidente mimetiza táticas de populismos autoritários mundo afora, que atacam permanentemente o que continua a funcionar e se beneficiam de que as coisas continuem a funcionar apesar de seus ataques. Nessa lógica, o parasitismo antissistema faz parte apenas do primeiro estágio de um projeto antidemocrático por via eleitoral. É apenas em um segundo momento — após uma reeleição, após mudanças constitucionais e institucionais radicais — que esses populismos autoritários se estabelecem em definitivo, suprimindo paulatinamente as instituições democráticas. Com instituições democráticas suprimidas ou mutiladas, o governo de plantão decreta que tudo passou a funcionar bem. Sem oposição, sem imprensa crítica, sem movimentos sociais, as mazelas são declaradas coisa do passado. O "sistema" é declarado derrotado e o novo governo autoritário se institui como "autêntica representação do verdadeiro povo".

No entanto, diferentemente de populismos autoritários bem estabelecidos como na Hungria, na Polônia, na Turquia, ou nas Filipinas, o populismo autoritário brasileiro ainda estava em seu estágio inicial, estava ainda buscando estabelecer suas bases quando foi atingido pela crise pandêmica. Quando chegou a crise do vírus, o plano autoritário de Bolsonaro, mesmo que ainda muito vago, estava apenas em sua primeira fase, a fase do desmonte das instituições democráticas. E esse ponto é fundamental para entender a resposta de Bolsonaro à crise.

Para Bolsonaro, a única resposta à crise compatível com seu projeto seria a implantação imediata de um regime autoritário. Mas foi pego no contrapé. Até a chegada da pandemia, tinha conseguido aos poucos inserir a cunha de seu projeto autoritário em uma democracia não só pouco democrática, mas muito avariada. Mas não tinha ainda acumulado forças suficientes para passar à fase seguinte.

O que impediu Bolsonaro de defender o país durante a pandemia e de se tornar um líder aglutinador e aprovado pela maioria da população foi, antes de tudo, sua estrita fidelidade a suas convicções autoritárias. Bolsonaro não é Boris Johnson nem Donald Trump, mesmo se usa táticas semelhantes às deles. É verdade que Trump usa a tradição democrática dos Estados Unidos para normalizar Bolsonaro e outros líderes autoritários pelo mundo — o que mostra também que uma eventual não reeleição de Trump neste ano de 2020 será um duríssimo golpe adicional para Bolsonaro. Mas o fato é que o atual primeiro-ministro do Reino Unido e o atual presidente dos Estados Unidos nunca fizeram parte de uma ditadura, tampouco lutam abertamente para restabelecer uma.

Trump e Johnson são líderes antissistema e não se deve descartar a possibilidade de tentarem instaurar regimes autoritários se tiverem condições para isso, nunca se sabe. Também em seus países as instituições podem entrar em colapso, como aconteceu no Brasil. Mas Bolsonaro é um líder antissistema *abertamente* autoritário. E as instituições estão em colapso no país já há algum tempo. A posição antissistema de Bolsonaro está umbilicalmente ligada a seu projeto autoritário, não há como separar uma coisa da outra. Por isso, após a chegada da pandemia, para continuar a ser Bolsonaro, o atual presidente teria de ter à sua disposição o que não tinha: instrumentos como aqueles de que um líder como Viktor Orbán já dispunha quando a pandemia chegou à Hungria e com os quais aprofundou o autoritarismo naquele país.

A lógica antissistema se tornou tão hegemônica que obrigou até mesmo quem faz parte do "sistema" a fazer de tudo para parecer que não faz. Para tentar escapar à identificação com o "sistema", quem faz parte das instituições começa a operar de maneira não institucional. Passa a agir como indivíduo e não como integrante de uma instituição.

Para tentar escapar de linchamentos virtuais e de derrotas eleitorais, operadores do sistema político criam seus próprios feudos virtuais e procuram agradar e fidelizar esses seus diferentes públicos. Já não confiam nas instituições como armas de defesa para a preservação da própria imagem pública, passam a cultivar uma imagem pública independentemente da (e até em oposição à) própria instituição a que pertencem.

A imagem pessoal vem antes do próprio partido a que pertencem, vem antes do parlamento ou do governo a que pertencem, vem antes do tribunal que integram. Em suma, generaliza-se o uso das instituições para fins de sobrevivência política. O indivíduo não está mais atado à instituição e a instituição se torna carcaça a ser desmontada e utilizada no interesse de sobrevivência de indivíduos e grupos.

Muita gente tentou, mas apenas Bolsonaro conseguiu fazer parte do sistema político e agir como se não fizesse. Porém, mais do que um simples líder antissistema, Bolsonaro não busca assimilação em nível institucional, não pretende caber na institucionalidade democrática. Ele associa suas posições de extrema direita à defesa de tudo o que é ético e decente e identifica o restante — todo o sistema político — com a "esquerda", ou seja, com tudo o que é corrupto e corrompido da vida social em geral. Para Bolsonaro, todo mundo que aceitou as regras da Constituição de 1988 é "de esquerda". A própria Constituição é "de esquerda", faz parte da "falsa democracia". Para Bolsonaro, a redemocratização é a responsável por todos os males do país. A "verdadeira democracia" é apenas aquela que existia durante a ditadura militar. Quem conseguir entender a expressão "a democracia da ditadura era a verdadeira democracia" conseguirá entender Bolsonaro.

Quem conseguir entender isso, entenderá também como isso se liga ao pretenso liberalismo de Paulo Guedes, por exemplo. Só no discurso o liberalismo de Guedes inclui um elemento básico da doutrina liberal, o ataque a protecionismos de todos os tipos. Na prática, Guedes mantém e reforça protecionismos vários. Seu liberalismo se limita à austeridade fiscal. No mais, é um liberalismo que só funciona para estimular e justificar as práticas mais selvagens de parte da base bolsonarista. É um "liberalismo" que se coaduna perfeitamente com ausência de regulação ambiental, com desmatamento, garimpo em terras indígenas, uso indiscriminado de agrotóxicos, supressão de toda proteção social que for politicamente viável suprimir, militância pela suspensão do isolamento e das quarentenas para tentar conter a taxa de transmissão e de contágio pelo Sars-CoV-2, estímulo à retomada imediata de toda atividade econômica em pleno pico de transmissão pandêmico.

Guedes perpetra ataques ao "sistema" que se coadunam perfeitamente com a tática e com os objetivos de Bolsonaro. Também porque, na versão do ministro da Economia, o "sistema" foi aquele que governou no "período social-democrata" e que compreende os governos liderados por PSDB e PT. Seu programa como ministro vai contra a ordem econômica da Constituição e, também nesse sentido, serviu bem ao propósito de Bolsonaro de destruir a ordem constitucional da redemocratização. Vieram como bônus — mas não como surpresa — as declarações do ministro da Economia que justificavam a decretação de um novo AI-5, bem como outras declarações de teor autoritário semelhante.

Em seu projeto de tornar sem efeito a Constituição de 1988, a tática inicial de Bolsonaro foi minar as instituições por dentro. Colocou no ministério do Meio Ambiente alguém que faz tudo menos proteger o meio ambiente. Nomeou para presidir uma fundação que luta contra o racismo alguém que diz que não existe racismo no Brasil. E por aí vai. Em lugar de suprimir as instituições criadas pela Constituição de 1988, Bolsonaro faz com que essas instituições se comportem no sentido oposto àquele para o qual foram criadas.

Bolsonaro sempre apostou em criar um clima semelhante ao pré-1964, com a expectativa de que o resultado possa ser semelhante àquele de um golpe que instaure um regime autoritário. Para isso, utiliza os dois catalisadores do pré-1964: corrupção generalizada do sistema político e a ameaça comunista. Difícil convencer de que a ameaça comunista tem hoje a mesma força que teve no auge da Guerra Fria, mas serviu para mobilizar a parte mais autoritária de sua militância. E a posição de único líder capaz de varrer a corrupção foi decisiva para conquistar o restante de sua base de apoio.

Até a chegada da pandemia, Bolsonaro acreditava poder não só tornar mais orgânica boa parte dessa sua base de apoio via atuação em redes sociais como também pretendia ampliar a fatia autoritária dentro dessa parcela de apoio com que contava. Por isso, insistiu e continua a insistir que "o sistema" não desapareceu com sua eleição. Muito pelo contrário, o "sistema" continua mais vivo do que nunca, tentando impedir que ele faça o que foi eleito para supostamente fazer.

Destruir uma Constituição como a de 1988 e todo o lento trabalho de criação e consolidação das instituições democráticas leva tempo. O objetivo autoritário de Bolsonaro nunca foi para quatro anos. Para ilustrar, por comparação, o momento específico em que estava o projeto de Bolsonaro, tome-se aqui como exemplo um de seus modelos, Viktor Orbán. Em seu primeiro mandato como primeiro-ministro da Hungria, Orbán preparou com cuidado o autoritarismo que iria implantar definitivamente a partir de seu segundo mandato. Um único exemplo de medidas nesse sentido foram as mudanças introduzidas na lei eleitoral, aprovada dois anos antes da sua reeleição, em 2014. Essa nova lei eleitoral foi feita sob medida para permitir à aliança eleitoral de Orbán transformar os 45% de votos que recebeu em nada menos que dois terços das cadeiras no parlamento.

Os exemplos poderiam se multiplicar. O importante aqui é ter claro que eram medidas como essa que Bolsonaro tinha em mente para os pelo menos oito anos de governo que esperava — que ainda espera, segundo ele próprio declara — ter. A falta de clareza até mesmo sobre o autoritarismo que pretende implantar faz de Bolsonaro um presidente ainda mais perigoso, não menos. Porque, enfraquecido, torna-se ainda mais imprevisível, inclusive.

Mundo afora, os levantes conservadores da última década — de que a eleição de Bolsonaro é um dos capítulos — não foram raio em céu azul. Chegaram juntamente com uma crise econômica mundial que só tem paralelo com a catástrofe iniciada em 1929. E foram levantes que mobilizaram déficits reais dos regimes democráticos para chegar ao poder de Estado. Partem do pressuposto de que a democracia é necessariamente a submissão de quem não pertence à coalizão social e política vencedora de eleições. Querem dizer com isso que democracia é e sempre foi uma arma que uma aliança de estratos do eleitorado dirige contra o resto do eleitorado. Apenas conseguiram, também eles, aproveitar uma oportunidade única de utilizar essa arma para chegar ao poder. Minoria do eleitorado, conseguem convencer uma maioria eventual do mesmo eleitorado de que vale a pena lhes entregar a direção de um país.

Levantes conservadores não apontam para uma possível construção de regras compartilhadas de justiça e seu estabelecimento sob a forma de regras democráticas institucionalizadas. Destacam a lacuna entre a "vontade popular" e os mecanismos estabelecidos de representação política, mas não acreditam possível, muito menos pretendem, superar essa lacuna. Ao contrário, endeusam chefes — Bolsonaro é chamado de "mito" por seus apoiadores — que seriam a verdadeira encarnação do povo e de sua vontade. É nesse sentido que "resolvem" o bordão do "não me representa".

Ainda assim, tais revoltas conservadoras se apoiam em coalizões sociais de conveniência. Só conseguem vencer eleições e se manter mobilizadas tornando duradoura a crise que as reuniu. Além disso, as lideranças de extrema direita que lideram essas coalizões de conveniência não dispõem de quadros para governar. Não dispõem de partidos estruturados ou de equipe ministerial. Como se elegem com um discurso antissistema, não só têm dificuldade de atrair quadros de governo experimentados como não podem atraí-los para o governo, sob pena de destruírem imediatamente o discurso com que chegaram ao poder.

Ou seja, não governar o "sistema" é um discurso político para ganhar a eleição, mas é também um dado de realidade: candidatos antissistema não têm como recorrer a quem tem experiência de governar. Esse é um elemento central em tudo o que se segue e precisarei de algum tempo para desenrolar todos os fios que estão envolvidos nesse nó. Mas parece já claro que não é acaso que a tática de Bolsonaro tenha envolvido sempre uma recusa de governar.

Bolsonaro foi um representante crível da coalizão de conveniência de 2018 porque ele mesmo fez parte dos excluídos do "sistema" durante décadas. Sinal da conveniência da coalizão foi o fato, por exemplo, de o eleitorado ter passado por alto todas as acusações de corrupção e de ligações suspeitas com milícias. Já no governo, todas as acusações dirigidas contra seus filhos e outros membros de sua família também foram relevadas por sua base de apoio que, a essa altura, tinha se reduzido relativamente da maioria conquistada na eleição para fixar-se em torno de um terço do eleitorado. Em sentido contrário, todas as acusações foram capitalizadas por Bolsonaro como tentativas do "sistema" de destruí-lo.

Como procurei mostrar no artigo para a revista *piauí* de dezembro de 2018 já mencionado, Bolsonaro liderou uma revolta em que uma parcela significativa de alguns dos estratos sociais de maior renda e escolaridade começou a desmantelar o sistema político desde baixo, desafiando os líderes próximos a eles. A revolta começou por estratos sociais que dispunham de recursos — relativamente à grande maioria da população —, mas que se consideravam excluídos, discriminados, ignorados por parte do sistema político. Foi um levante de membros de igrejas contra seus pastores, de militares de baixa patente contra a cúpula da hierarquia militar, do baixo clero contra o alto clero do Congresso, de pequenas e médias empresas e de produtores rurais e industriais contra suas entidades representativas e contra os chamados "campeões nacionais", da base das polícias contra suas cúpulas, dos escalões mais baixos do mercado financeiro contra os porta-vozes dos bancões. E assim por diante.*

Grande parte do eleitorado estava se sentindo existencialmente ameaçada em 2018. Temia pelo seu emprego, pela sua vida, pela vida de sua família, pela religião que professava, pelo seu prestígio social. A crise econômica iniciada em 2014 não dava trégua, o desemprego continuava devastando a economia das famílias, a renda continuava abaixo do nível de 2013. E a Operação Lava Jato identificava o sistema político diretamente à corrupção, sem exceções. Bolsonaro foi muito bem-sucedido em apontar o dedo para o sistema político como fonte e origem desse medo e dessa angústia muito reais.

Poucas pessoas pensavam que o sofrimento causado por uma crise tão prolongada estivesse chegando ao fim. É verdade que, para o eleitorado mais pobre, as eleições de 2018 representaram o medo de perder o pouco que tinha restado dos ganhos do período de 2004 a 2013, o que ajuda a explicar a opção majoritária desse extrato pela candidatura de Fernando Haddad, substituto de Lula na eleição, então preso e proibido de concorrer.** Ao mesmo tempo, ao limitar a campanha à promessa de uma volta ao passado, aos "velhos e bons tempos do lulismo", a campanha petista só fez facilitar a vida de Bolsonaro,

---

* São grupos sociais que guardam semelhanças notáveis com o que Paolo Gerbaudo chama de "outsiders conectados". Cf. *The Digital Party: Political Organisation and Online Democracy*. Londres: Pluto Press, 2019 (por exemplo, p. 43).
** Pesquisas realizadas na véspera do segundo turno (ver, por exemplo, a pesquisa Ibope de 27 out. 2018) mostraram que Haddad deve ter tido 54% dos votos do eleitorado de escolaridade mais baixa (contra 36% para Bolsonaro), sendo que 53% do eleitorado com nível superior deve ter escolhido Bolsonaro (35%, no caso de Haddad), 56% do eleitorado de renda de até um salário mínimo deve ter votado em Haddad (35% em Bolsonaro). Na faixa de dois a cinco salários mínimos, Bolsonaro deve ter recebido 55% dos votos (e Haddad, 33%).

que pôde sem dificuldade identificar a proposta petista como sendo o mesmo que uma manutenção do "sistema".

Ignorado desde as revoltas de Junho de 2013, o eleitorado se viu em 2018 diante de uma alternativa sem saída positiva: manter o sistema político funcionando como funcionou desde 1994, ou espalhar, bagunçar e mesmo quebrar as peças do tabuleiro, destruindo os arranjos existentes. Foi esta última a opção do eleitorado ao eleger Bolsonaro. Confluíram para sua candidatura em 2018 grupos do eleitorado com motivações muito diferentes e não raro conflitantes. Apesar de muitas vezes terem intersecções (uma mesma pessoa pode pertencer a diferentes grupos), não formam um grupo homogêneo. E, sobretudo, nunca antes tinham confluído para uma única candidatura presidencial como confluíram para a candidatura de Bolsonaro as figuras do lavajatismo, do antipetismo, do antissistema, do conservadorismo de costumes, da reivindicação absoluta de "lei & ordem", das forças de segurança pública e privada, do autoritarismo sem disfarces.

As redes sociais mostraram o poderio que teria uma coalizão desses grupos, com certeza muito diferentes entre si, mas unidos pela comum sensação de exclusão e de marginalização. E ao mesmo tempo conscientes de que uma coalizão nesses moldes poderia de fato ganhar a eleição presidencial. Junho de 2013 tinha lhes mostrado que era possível ocupar a rua e chacoalhar o poder sem necessariamente dispor de uma organização sindical, partidária ou de movimento social estruturado. A organização descentralizada em redes e em plataformas sociais bastava para produzir cenas de impacto.

Isso não quer dizer de maneira nenhuma que Junho tenha sido "de direita" ou mesmo de "extrema direita". Pelo contrário. Basta pensar nas expressivas vitórias nas eleições municipais de 2016 de candidaturas como as de Marielle Franco, Áurea Carolina ou Talíria Petrone. Basta ver o quanto conseguiram fazer desde 2013 os chamados movimentos de renovação da política, mesmo tendo contra eles, com honrosas exceções, a oposição ativa e beligerante da quase totalidade do sistema partidário. Mas o que importa ressaltar aqui é que a nova energia social e política que emergiu em Junho não encontrou, em sua maior parte, canalização institucional no momento em que se coagulou nas redes e dos protestos. Como importa marcar que as interpretações hegemônicas no debate público não levam em conta esse fato básico e fundamental, tendendo antes a justificar a atitude defensiva do sistema político em vista da nova configuração do espaço público no país.*

Sem a abertura de novos canais institucionais para acolhê--la, a energia social que emergiu em Junho se coagulou em diferentes polos organizativos, baseados na lógica das redes sociais, distantes da política partidária. Foi quando, por exemplo, a Operação Lava Jato soube vampirizar essa energia, apresentando-se como representante da indignação popular dentro do sistema político. A decisão do sistema político de não se autorreformar permitiu que a Lava Jato se apresentasse como aquela que iria realizar essa reforma. Uma promessa ilusória, já que o Judiciário — e suas instâncias inferiores, em particular — não tem o poder de reformar o sistema político. Mas, sem outra canalização institucional disponível, parte relevante da energia de Junho foi utilizada por setores do Judiciário para emparedar o sistema político. Este, por sua vez, aprofundou a tradicional utilização do aparelho de Estado para fins de autodefesa.

O apoio de pelo menos cerca de um terço do eleitorado com que Bolsonaro contou ao longo de seus primeiros dezesseis meses de governo tinha dimensão e substância suficientes para manter o projeto de governar apenas para os "autênticos brasileiros", eliminando os "maus brasileiros", mas estava longe de ser aprovação suficiente para suprimir instituições democráticas e eliminar

---

* Sobre isso, ver o "Anexo" ao final.

fisicamente opositores. A promessa de fundo que Bolsonaro fez a esse um terço do eleitorado que o apoiou durante quase um ano e meio foi que esse grupo iria conseguir se impor ao resto. Que a minoria iria se tornar maioria. Que o um terço iria se tornar o todo. Mesmo que ao custo de violências de todo tipo.

Só que isso não quer dizer que todo mundo desse um terço de apoio concordasse ou concorde com o projeto autoritário de Bolsonaro. Como já mencionado, segundo a melhor estimativa de que dispomos, o núcleo duro de apoio a Bolsonaro que podemos por boas razões identificar ao núcleo autoritário tem a dimensão aproximada de 12% do eleitorado. Outros aproximadamente 20% de sua base mais ampla de apoio ficaram com Bolsonaro por ver ali uma oportunidade de "dar o troco", de responder ao "sistema" que os oprimiu durante anos, de se sentir, finalmente, "no poder".

Caso exemplar desse tipo de atitude é o voto evangélico. Não foi por acaso que Bolsonaro teve um apoio desproporcionalmente alto entre pertencentes a denominações evangélicas.* Mas o mesmo pode ser dito de Marina Silva, que recebeu desproporcional apoio do voto evangélico em 2010 e em 2014. O eleitorado evangélico é, de um lado, forjado na experiência de discriminação por parte da maioria católica e, de outro lado, tem um enorme peso demográfico, graças a um crescimento vertiginoso nas últimas três décadas. Não surpreende que seja um eleitorado que não se via devidamente representado nem na política nem na vida social de maneira mais ampla.

Para grupos como o das denominações evangélicas — em toda a diversidade que certamente têm —, concentrar votos em uma candidatura viável significava aceder a esferas de poder decisório antes fechadas a eles. A candidatura de Marina

---

* Segundo pesquisa Ibope de março de 2019, por exemplo, Bolsonaro marcava 41% de ótimo e bom entre evangélicos, contra 33% da mesma avaliação entre católicos e 29% de outras religiões.

Silva em 2010 deixou visível essa tática de concentração de votos — o primeiro ensaio tendo sido a candidatura de Anthony Garotinho, em 2002, que alcançou significativos 18% da votação. Em 2014, a mesma candidatura de Marina Silva chegou a liderar as pesquisas até um mês antes do primeiro turno, com 35% das intenções de voto, deixando clara pela primeira vez a real viabilidade da tática de concentração de votos em uma candidatura. Evocar a candidatura de Marina Silva em 2010 e em 2014 serve aqui também para repetir o alerta: essa concentração do voto evangélico não significa uma coincidência com o projeto autoritário de Bolsonaro, mas antes uma aliança tática.

Algo semelhante ocorreu com parte significativa do eleitorado que passou a se identificar com a Operação Lava Jato como método de fazer política, por exemplo. São parcelas do eleitorado que passaram a se sentir alijadas de qualquer arena de decisão relevante. Grupos que, durante anos, sentiram-se subjugados pela sensação de que "todo mundo" era corrupto. E que "todo mundo" estava ganhando, menos eles. Que "todo mundo" participava de alguma maneira das decisões, menos eles. Subitamente, essa sensação que parecia solitária encontrou milhares de outras solidões. Nas redes e nas ruas.

A expansão acelerada da internet permitiu a criação de polos aglutinadores anti-institucionais. As redes sociais permitiram que a solidão de pessoas que se sentiam prejudicadas, discriminadas, diminuídas encontrasse eco em milhares de outras solidões. Esse encontro de solidões foi também terreno fértil para indutores de aglutinação que ofereciam a oportunidade de fazer alguma coisa, de pôr a mão na massa, de arrebentar "tudo o que está aí".

Muito da selvageria desses novos polos de aglutinação dos quais o lavajatismo é o exemplo mais visível tem a ver com o fato de não terem qualquer experiência de organização política anterior. E de não encontrarem organizações políticas previamente existentes dispostas a mudar suas estruturas para acolhê-los. São polos de aglutinação que forjaram sua experiência sem a clássica formatação partidária, com sua hierarquia e regras de sucesso e de fracasso. Sem modelo a imitar, elegeram como modelo negativo a lógica partidária. E em muitos casos — foi assim com Moro, foi assim com Bolsonaro — elegeram como modelo positivo a lógica do chefe, do líder que carrega todas as aspirações de quem nunca teve organização ou influência em qualquer esfera de decisão política.

Foi contra a ideia mesma de partido que se criou aos trancos e barrancos essa cultura política digital anti-institucional. A selvageria dessas novas formas de fazer política tem a ver não apenas com a falta de modelo institucional, mas também com a selvageria própria do mundo digital em seu nascimento — continuamos à espera da promessa do "contrato social" que irá nos retirar do "estado de natureza" digital. No mundo todo, a sociabilidade digital nasceu junto com três fenômenos de enorme amplitude: a crise econômica iniciada em 2008 e que até agora não encontrou solução ou perspectiva; a rápida expansão das grandes plataformas digitais; e as crises de representação dos sistemas democráticos, identificadas como uma crise do conjunto das instituições políticas. Foi um encontro claramente explosivo para as instituições tal como tinham funcionado até ali. E o lavajatismo é um caso exemplar desse tipo de desenvolvimento.

Por surpreendente que possa parecer, também o apoio que Bolsonaro recebeu das Forças Armadas seguiu lógica bastante semelhante à do voto evangélico e do lavajatismo. Como no âmbito desses dois grupos, foi também primeiramente nas baixas patentes que o ex-capitão colocou sua cunha eleitoral. Desde sua primeira eleição como vereador no Rio de Janeiro, em 1988, e ao longo de seus sete mandatos consecutivos como deputado federal depois disso, Bolsonaro ampliou sua base de apoio como líder sindical dessa categoria que não pode se organizar em sindicato. E com o tempo Bolsonaro estendeu seus serviços sindicais também para as polícias militares. A partir de 2014, essa mesma base começou a ver em Bolsonaro a chance de chegar ao poder. Foi aí também que policiais militares passaram a usar o "militar" como se fosse substantivo. Bolsonaro incluiu policiais militares na coalizão como "militares", o que lhes confere o escudo protetor das Forças Armadas que não teriam de outra maneira. No governo, ao serem nomeados, refere-se sempre às suas patentes, por exemplo, como se fossem integrantes das Forças Armadas.

Como no caso de parte das cúpulas das igrejas evangélicas, também parte da cúpula das Forças Armadas chegou tardiamente ao barco do capitão reformado do Exército. Mas não porque essa cúpula não ressentisse desde a redemocratização um isolamento político que entendia injusto e preconceituoso. Ator incontornável durante toda a história republicana, a cúpula das Forças Armadas se viu pela primeira vez em cem anos alijada dos centros de decisão política. O atentado a faca contra Bolsonaro em 6 de setembro de 2018 que fez dele o virtual eleito desde antes mesmo do primeiro turno da eleição presidencial foi o acontecimento que levou de roldão o restante da cúpula das Forças Armadas que ainda não tinha se convencido.

Depois de amargar o que foi vivido por elas como uma longa segregação de trinta anos, as Forças Armadas tinham investido pesado em recuperar sua imagem na sociedade. O sucesso dessa operação coincidiu também com um pesado investimento em formação de pessoal, especialmente da cúpula das Forças — formação, aliás, a que Bolsonaro não teve acesso, já que deixou o Exército antes de atingir, na ativa, a categoria dos oficiais superiores.

Quando as instituições políticas entram em colapso, aquelas que mantêm grande enraizamento e apoio popular tendem a ser chamadas a participar. A questão é se querem ou não entrar. Com a profunda crise do modo de funcionamento do sistema político a partir de 2013, as Forças Armadas viram a possibilidade de vir novamente a ocupar o papel de destaque que sempre tiveram desde 1889. Parte importante da cúpula das Forças Armadas acreditou que isso já tinha acontecido, que já tinham voltado ao centro das decisões com o governo de Michel Temer. Até que o governo Temer naufragou inapelavelmente. Após o atentado contra Bolsonaro, a ordem unida soou para uma adesão integral não apenas à campanha como ao governo do capitão reformado.

Evangélicos, lavajatistas e militares constituem grupos muito diferentes entre si. Mas mostram bem como a coalizão que elegeu Bolsonaro foi uma coalizão de conveniência sem ter sido de maneira alguma casual. O sentimento de exclusão da arena política — em graus certamente muito distintos e por razões muito distintas também — que os uniu veio juntamente com a possibilidade que viram de se estabelecerem (ou restabelecerem, no caso dos militares) como atores políticos incontornáveis.

Em termos sociais mais profundos, essa é a mais surpreendente novidade representada pela eleição de Bolsonaro. A insistência em explicar tudo o que aconteceu em 2018 — e mesmo em eleições anteriores — mediante a divisão do eleitorado entre PT e anti-PT obscurece todos esses movimentos decisivos do eleitorado, não obstante o papel que a divisão possa ter de fato desempenhado. E de quebra, reforça a posição de centralidade do PT como organizador do sistema político, tese que não só simplifica a explicação como trava qualquer perspectiva de solução para a crise atual.

Como já mencionado, há ainda muitos outros grupos nessa coalizão de conveniência, desde os escalões mais baixos do mercado financeiro e do agronegócio até o próprio baixo clero do Congresso, do comércio, da indústria. E assim por diante. São grupos que, de alguma maneira, estavam incluídos em esferas de decisão política por intermédio de seus dirigentes e superiores, mas que viram na candidatura de Bolsonaro uma oportunidade de mudar a correlação de forças, seja obrigando suas cúpulas a ouvi-los, seja eles mesmos tomando de golpe a liderança de seus grupos.

Dos três grupos com que busquei exemplificar o argumento aqui, pode-se dizer que o segmento evangélico seguiu esse padrão mais geral, mesmo se as cúpulas das igrejas rapidamente retomaram o controle da situação. O caso do lavajatismo é diferente, já que só se constituiu como força política após 2014, formando polos aglutinadores nas redes e atuando em conjunto segundo causas e temas específicos desde então. O caso das Forças Armadas também é distinto, na medida em que se trata de um ator tradicional da arena política brasileira que, em sua própria visão, tinha sido injustamente escanteado dos centros de decisão e viu na eleição de Bolsonaro uma chance para retomar a posição histórica perdida desde a redemocratização.

Qualquer tentativa de resolver a crise que atravessamos terá necessariamente de levar em conta a nova configuração da arena política que representa a ascensão de grupos como esses ao poder. Se, por exemplo, é possível dizer do mais frágil desses grupos, o lavajatismo, que foi alijado da coalizão com a demissão de Moro — o que não significa de maneira alguma que o grupo tenha desaparecido como força política, pelo contrário —, evangélicos e militares continuam firmes na coalizão. E não aceitarão um eventual esfacelamento do governo Bolsonaro que signifique para eles uma saída humilhante do poder. Qualquer saída de Bolsonaro terá de significar também uma saída honrosa. O que habitualmente quer dizer: sua permanência, de alguma forma, no poder.

Não há erro político mais fatal neste momento para quem pretende preservar a democracia do que ignorar todas essas distinções e sutilezas, todas as diferentes motivações que levaram essas parcelas do eleitorado a aderir à candidatura de Bolsonaro em 2018. Como escrevi em um texto para a revista *piauí* de dezembro de 2019, hostilizar a parcela do eleitorado que não votou em Haddad em 2018 ou que escolheu Bolsonaro, mas se arrependeu, é o mais vistoso dos presentes que o atual presidente pode receber. Chamar todo mundo indistintamente de "fascista" não só ofende as vítimas do fascismo como joga no colo de Bolsonaro uma parcela do eleitorado que não estaria com ele se não fosse hostilizada permanentemente. Chamar todo mundo indiscriminadamente de fascista nos deixa sem recursos linguísticos e políticos para chamar o verdadeiro fascismo pelo seu nome quando nos afronta de maneira inapelável.

Também porque os resultados políticos regressivos dos últimos anos não indicam uma tendência irresistível da história: provêm, antes de tudo, de tentativas de manipular e de bloquear os potenciais democráticos que emergiram no período pós-crise econômica mundial, especialmente no ciclo de revoltas iniciado em 2011. Tampouco, do outro lado, há ainda algo como um modelo estabelecido de reconfiguração global que pretenda impor um novo modelo de compatibilização entre economia e política, entre um novo capitalismo e uma nova forma política — um novo modelo de sociedade, em suma.

O que se tem é um ambiente de grande confusão, onde pipocam as mais diversas tentativas de produzir reconfigurações desse tipo. Deixar de ver a multiplicidade na confusão significa deixar de ver oportunidades de pensamento e de ação relevantes. Mesmo considerando que as revoltas conservadoras têm sido até agora muito mais eficazes em aproveitar essas oportunidades. Abrir os olhos para as sutilezas e para as diferentes motivações implica abrir mão de demonizar parcelas do eleitorado como inapelavelmente conservadoras e autoritárias.

Destruir as instituições democráticas pela via eleitoral tornou-se possível no Brasil porque elas foram identificadas ao "sistema". No "sistema" que vigorou de 1994 — data de lançamento do Plano Real — até pelo menos as revoltas de Junho de 2013, a maioria dos partidos formou uma massa relativamente indistinta de máquinas políticas que se encastelam no Estado para se reproduzir. Foi assim que o "sistema" passou a ser identificado, especialmente após o chamado mensalão, em 2005, como inerentemente corrupto, como só beneficiando a si próprio, como causa do sofrimento da maioria da população. Com raras exceções, todos os partidos estavam sempre no governo, fosse qual fosse o governo, fosse qual fosse a candidatura que tivessem apoiado na eleição presidencial.

De 1994 a 2013, com exceção do período inicial do governo Lula (2003-2005) e durante o abreviado segundo mandato de Dilma Rousseff (2015-2016), o que se viu foi um modelo de gerenciamento político baseado na formação de megablocos de apoio ao governo e na limitação da oposição nominal a uma franja parlamentar. Para mencionar apenas uma das muitas consequências desse arranjo, situação e oposição tiveram os seus papéis inflado e encolhido, respectivamente. Uma base de apoio do governo "inchada" estimulava dissensões e fraturas dentro do campo da situação, estimulava a "oposição interna", criando problemas crescentes de coordenação em um modelo no qual a base de apoio ao governo no Congresso chega a porcentagens que superam os 75%. Chamei de pemedebismo essa cultura política que dominou de diferentes maneiras a redemocratização brasileira até 2013.*

O sistema político viu todo o período pós-Junho de 2013 como um tempo de grande insegurança e ameaça e não como uma oportunidade para um salto institucional. A insegurança e o medo levaram a que esse período se transformasse, a partir de 2014, em um período de autofagia, de autodestruição

---

* Sobre este e muitos outros pontos presentes neste texto, ver Marcos Nobre, *Imobilismo em movimento: Da redemocratização ao governo Dilma* (São Paulo: Companhia das Letras, 2013). A partir da promulgação da Constituição de 1988, a grande maioria dos cientistas políticos passou a se referir a esse arranjo brasileiro em termos de um "presidencialismo de coalizão". "Pemedebismo" é a caracterização alternativa que apresentei desse mesmo fenômeno.

institucional. Porque, sem se reformar, as instituições políticas já não conseguiam resistir como instituições, apenas como grupos em luta pela própria sobrevivência. Foi nesse ambiente que o sistema político decidiu entregar um pedaço de si próprio ao linchamento público. A ideia era fazer um sacrifício que parecesse suficiente para apaziguar as redes sociais e salvar a pele dos demais. Foi o que levou à parlamentada que destituiu Dilma Rousseff em 2016, por exemplo. A resposta da política oficial ao colapso institucional foi lançar mão da tática do boi de piranha. Em 2016, entregou o boi enfraquecido e desgastado do PT ao lavajatismo para tentar passar o resto da boiada em outro ponto do rio.

O afastamento de Dilma Rousseff se explica porque seu governo já não conseguia funcionar nos termos em que funcionaram todos os governos entre 1994 e 2013. Em seu segundo mandato, o governo Dilma já não oferecia duas garantias fundamentais do modelo: acesso efetivo dos feudos partidários aos fundos públicos e proteção contra investidas da Justiça. Não interessa aos partidos e grupos que fazem parte da megacoalizão de governo (seja qual for o governo) dispor de ministérios, cargos e verbas se não podem efetivamente lançar mão dos recursos, mesmo que sejam escassos. E foi o que aconteceu com o agravamento da crise fiscal. Não bastasse isso, o governo Dilma era visto como incapaz de oferecer proteção contra a ameaça da Operação Lava Jato e suas subsidiárias.

Esse é um sinal de descontrole grave para o esquema de megacoalizões da República do Real. O alerta soou para o sistema político com a prisão, determinada pelo STF, de Delcídio do Amaral, senador no exercício do mandato e líder do governo no Senado, em novembro de 2015. Essa prisão inédita foi o ponto de virada para que o sistema político abandonasse de vez Dilma Rousseff. Que, com a ascensão de Temer à presidência, o condomínio pemedebista tenha passado a ter direção formal do PMDB é mais um grave sintoma de que o modelo da República do Real tinha se esgotado. Que o governo de Temer tenha também ele sido fragilizado pela Lava Jato em nada muda nas motivações da política oficial para produzir o impeachment. O fato é que a prioridade absoluta dada à autoproteção funcionou.

A prisão de Delcídio do Amaral já tinha sinalizado amplamente o agravamento da intromissão política direta do STF, seu funcionamento disfuncional. Repetiu-se na decisão de impedir que Lula assumisse a posição de ministro-chefe da Casa Civil de Dilma Rousseff, em março de 2016. E consumou-se na suspensão do mandato do deputado Eduardo Cunha, em maio de 2016, nada menos do que então presidente da Câmara dos Deputados. Mostrou que a suprema corte tinha deixado de atuar exclusivamente segundo a lógica política indireta que a caracteriza para agir de maneira diretamente política. O exemplo mais recente dessa intromissão arbitrária foi a suspensão pelo STF da nomeação de Alexandre Ramagem para a chefia da Polícia Federal, em 29 de abril de 2020.

Decisões diretamente políticas não aconteceram apenas em decisões do STF. Foi também diretamente política a decisão do então juiz Sérgio Moro de divulgar sem restrições os grampos das conversas telefônicas do ex-presidente Lula em março de 2016, por exemplo. Como foram diretamente políticos os vazamentos de pedidos de prisão, de indiciamento e de investigação que correm sob segredo ou mesmo sigilo de justiça. Eram e continuam a ser sintomas de que a crise não é conjuntural.

Na crise, o sistema político aprofundou a tradicional utilização do aparelho de Estado para fins de autodefesa. Como tática de curto prazo, a opção feita pelo sistema político deu certo. E como: na política oficial, a grande maioria conseguiu ficar longe da prisão, ao contrário de Lula e de alguns outros. Mas a tática arruinou por muitos anos qualquer chance de convivência política não beligerante entre os campos políticos antes apenas adversários.

Sobretudo, permitiu que o processo eleitoral se transformasse ele mesmo em um ato de vingança: a democracia se tornou uma arma de destruição que uma parte do eleitorado aponta contra as demais. Não surpreende, portanto, que Bolsonaro — diante de um quartel do Exército, diante de uma manifestação que pedia o fechamento do Congresso e do STF, em abril de 2020 — diga que não compõe, que não negocia. No varejo, isso está muito longe de ser verdade, aliás. Mas quem se elege tendo a vingança como programa deve essa encenação a seu eleitorado. Especialmente àquela parte do eleitorado que está com Bolsonaro para o que der e vier. Esse núcleo duro de apoio do presidente está convencido de que a melhor opção para o país é uma boa ditadura e que Bolsonaro é a melhor opção para o papel de ditador.

O projeto autoritário de Bolsonaro não confronta necessariamente o sistema político. A ditadura civil-militar de 1964 permitiu que o Congresso formalmente funcionasse durante a maior parte do tempo. Essa é a democracia que Bolsonaro considera adequada. Uma democracia tutelada, em que um grupo autoritário convicto controla eleições e o Judiciário, censura a imprensa, tem o poder de fechar o Congresso e o STF, prende, tortura e mata opositores. Para o grupo dirigente na ditadura, a realização de eleições periódicas, com as severas restrições de qualquer ditadura, servia como uma espécie de termômetro político, era bem ou mal uma maneira de aferir a cada momento o grau de apoio na população, era um instrumento a orientar os governos e os rumos do regime. E ao mesmo tempo também um instrumento de controle da oposição consentida. O projeto de Bolsonaro era impor um modelo como esse ao sistema político. Não seria necessário excluir todo mundo. Apenas quem insistisse em se declarar e em agir à esquerda ou à direita em defesa de uma democracia substantiva.

Desde o início do governo Bolsonaro ouvimos dia sim e outro também que seu modelo antissistema era insustentável, que não seria possível governar sem base de apoio no Congresso, que o presidente iria em algum momento ser obrigado a descer do palanque, que a realidade da economia iria detê-lo, que alguém ou alguma instituição iria domá-lo. E assim por diante. Isso tanto do lado da direita como da esquerda. A direita porque torcia para que Bolsonaro finalmente se enquadrasse no figurino que foi inventado por ela para ele durante a campanha e que o candidato deixou que vestissem nele tanto quanto lhe interessou — o figurino de um candidato normal, de um presidente normal. A esquerda porque assim justificava sua própria desorganização e inação, colocando-se na posição meramente passiva de herdeira de um desastre, afinal, inevitável.

O pior que poderia acontecer agora seria entronizar esse tipo de torcida travestida de análise — contra ou a favor — como tendo sido confirmada: Bolsonaro teria sido finalmente enquadrado. Como se a crise pandêmica não tivesse tido nada a ver com a crise estrutural do modelo de governo instaurado por Bolsonaro, como se Bolsonaro fosse "enquadrável". Aliás, como procuro mostrar no "Anexo" ao final, coisa semelhante já aconteceu com análises retrospectivas que se tornaram hegemônicas a propósito de Junho de 2013, por exemplo. Isso é o que de pior pode acontecer porque vai seguir ignorando a raiz de nossas crises sobrepostas e duradouras e colaborando para que se perpetuem.

Na busca desesperada por justificar a normalização perpetrada durante a campanha ou por justificar a derrota das demais candidaturas na eleição, esse tipo de "análise" passa por alto, conscientemente ou não, o essencial: um presidente antissistema era funcional para o sistema político. Isso só é difícil de entender se se esquece que a prioridade zero do sistema político desde a Lava Jato era se manter fora da cadeia, era retomar o controle da situação, conter o Judiciário que o emparedou durante quatro anos a fio, de 2014 a 2018. E, do seu lado, o deputado de quatro mandatos Bolsonaro estava mais do que disposto a oferecer a proteção buscada pelo sistema político. Ele mesmo sempre fez parte desse sistema, ele mesmo sempre demostrou necessidade de se proteger e de proteger sua família.

Apesar de toda a encenação antissistema, a manobra radical de autopreservação do sistema político continuou funcionando muito bem, obrigado, no governo Bolsonaro. Conseguiu alcançar seu objetivo mais imediato e mais importante, que era manter investigados e réus fora da cadeia e politicamente atuantes. E ao mesmo tempo conseguiu minar o poder de mobilização da Lava Jato. Nisso, o governo Bolsonaro foi muito mais eficiente do que o governo Temer, aliás. Desapareceram as inúmeras fases da Operação Lava Jato. Nenhum político, grande empresário, ou operador de partidos foi preso desde que o governo Bolsonaro teve início.

A aliança Bolsonaro-Moro foi a primeira a garantir ao sistema político a tranquilidade buscada desde 2014, quando a instabilidade virou regra. O preço cobrado por Bolsonaro foi o direito incontestável de malhar o sistema político um dia sim e outro também. E Moro ganhou o direito de sonhar em ser presidente.

Sérgio Moro sempre insiste no destino trágico da Mãos Limpas, modelo para a Lava Jato. Repete que a operação italiana foi sufocada pelo sistema político com a eleição de Silvio Berlusconi, em 1994. Moro disse que tinha aceitado ir para o governo para impedir que esse destino trágico acontecesse com a Lava Jato. Mas, no fundo, pelo tempo que durou sua aliança com Bolsonaro, Moro foi tanto o principal líder como o coveiro da operação, foi Antonio di Pietro e Berlusconi em uma única pessoa.

Com a saída de Moro do governo, seria possível pensar que a Lava Jato de alguma maneira poderia sair de seu torpor calculado. Mas aí também o mundo é mais complicado que isso, há dificuldades pouco desprezíveis para que isso se realize. Depois de ter virado ministro e de ter saído do cargo atirando contra Bolsonaro, Moro não tem mais a proteção da suposta neutralidade de juiz, já é um político. Depois das revelações da Vaza Jato, a partir de junho de 2019, a suposta tecnicidade das decisões se tornou mais do que questionável.

Moro pode bem se tornar o incitador civil de uma revolta contra Bolsonaro. Seria o mesmo que se lançar desde já como candidato à presidência. Ou seja, seria o mesmo que se apresentar abertamente como político e não mais como juiz imparcial. Mas além de Moro não ter mais o poder do cargo de juiz, a força-tarefa da Lava Jato perdeu agora a enorme influência que tinha sobre a PF, reduzindo enormemente seu poder de chantagem do Judiciário e do sistema político de maneira mais ampla. Por fim, mas não por último, qualquer tentativa de remoção de Bolsonaro tem de contar com esmagador apoio da população, não pode se limitar ao lavajatismo.

Do outro lado, a demissão de Moro não foi apenas um bônus para a negociação com o Centrão que Bolsonaro iniciou desde o momento em que se convenceu de que a pandemia iria levá-lo às cordas do impeachment. Para que uma negociação como essa seja bem-sucedida, é fundamental manter sob controle estrito a Polícia Federal. É peça chave do plano de sobrevivência de Bolsonaro e do sistema político.

Bolsonaro teve de recuar temporariamente do objetivo de se apossar sem nenhum pudor da PF. Sua primeira nomeação, Alexandre Ramagem, foi barrada pelo STF. E, no entanto, Bolsonaro tentou reverter a decisão do ministro Alexandre de Moraes, que suspendeu a nomeação, quando já tinha ele mesmo anulado o ato e nomeado outra pessoa, Rolando de Souza, para o posto. Sabia que a tentativa seria inócua. Mas o objetivo era tão somente deixar claro ao novo diretor-geral da PF que sua posição é temporária e que apenas a estrita obediência poderá garanti-lo no cargo.

Já se vê que são muitas as razões para que Bolsonaro não estivesse em condições de evitar acrescentar às crises sanitária e econômica a crise política que, afinal, acrescentou. A mais crucial dessas razões, como tentei mostrar anteriormente, é a posição antissistema de caráter autoritário que Bolsonaro transformou em sua marca, mas que, ao mesmo tempo, não lhe dá margem para realizar a manobra de "reunião em torno da bandeira", o efeito de "união nacional" que costuma vir com o tipo de ameaça como a de uma pandemia.

Seria impossível mudar radicalmente o discurso de anos em alguns dias ou semanas e manter o projeto autoritário ao mesmo tempo. Bolsonaro não tinha escolha a não ser seguir coerente e buscar refúgio no seu núcleo mais fanático de apoiadores. E isso inclui fazer o discurso delirante muito bem calculado de que a crise econômica seria problema federal e que a crise sanitária seria problema estadual e municipal. E apelar para teorias da conspiração, para "maldades do sistema" e para remédios milagrosos, que foi o que restou a Bolsonaro como resposta às crises sanitária e econômica que atingiram em cheio seu governo. Não faz nenhum sentido e não vai colar para ninguém que não esteja no grupo dos apoiadores fanáticos de Bolsonaro. Mas é o que o atual presidente conseguiu inventar para, de alguma maneira, ganhar tempo para montar seu governo de guerra.

A chegada da pandemia também deixou evidentes outras fraquezas e dificuldades do governo que levaram à crise política. A crise sanitária deixou evidente que Bolsonaro ganhou a eleição sem ter partido ou equipe de governo a que recorrer. A extrema direita antissistema que representa não tinha organicidade suficiente para constituir uma equipe de governo, tampouco podia ir buscar quadros experimentados de governos anteriores. Poderia ter ido buscar ajuda no último governo da ditadura, o de João Baptista Figueiredo, por exemplo. Mas foi um governo que terminou há 35 anos, os seus quadros não estão mais disponíveis. Ou os que restaram acabaram se adaptando às novas circunstâncias da redemocratização e também passaram a fazer parte do "sistema", tornando-os igualmente inutilizáveis para um projeto de retomar um governo como o dos Anos de Chumbo do general Emílio Garrastazu Médici, autêntico modelo de governo para Bolsonaro. E aí figuras medíocres e sinistras ganham projeção e mesmo responsabilidades administrativas de primeiro escalão. A lista é longa. Para mencionar apenas os nomes mais destacados desse concurso tétrico de estultice autoritária: Olavo de Carvalho, Ernesto Araújo, Abraham Weintraub, Onyx Lorenzoni.

Foram também essas graves limitações de quadros que levaram Bolsonaro a tentar fazer com que seu governo espelhasse o mais fielmente possível a coalizão de conveniência que o elegeu. Do contrário, sequer conseguiria montar um governo que tivesse a aparência da funcionalidade. O compromisso com as forças de segurança e com as Forças Armadas foi cumprido com uma enxurrada de nomeações para todos os escalões. As denominações evangélicas foram contempladas no ministério da Mulher, da Família e dos Direitos Humanos, ocupado por Damares Alves, além de serem atendidas diretamente pelo presidente em seus pleitos específicos. Além disso, foram criados três feudos que pudessem representar três grupos relevantes da coalizão: o lavajatismo tinha Sérgio Moro, o mercado financeiro, o comércio e a indústria, Paulo Guedes; o agronegócio, Teresa Cristina. A ideia de feudo significa aqui também o seguinte: Bolsonaro se exime de responsabilidade pelas políticas dessas capitanias caso não mostrem bons resultados. E, claro, interfere nelas todas as vezes que o seu um terço de apoio no eleitorado tiver algum interesse imediatamente ameaçado.

Mas essa lógica de feudos é também uma lógica de descoordenação. Pode parecer incongruente que um governo se organize de maneira a fomentar a descoordenação. Mas também aqui o caos como método deixa sua marca: a lógica de feudos impede que algum grupo específico da coalizão eleitoral de conveniência acumule poder suficiente para confrontar o próprio Bolsonaro. Ao mesmo tempo, mantendo seu direito senhorial de veto, Bolsonaro estabelece sua exigência de vassalagem.

Porque Bolsonaro não arbitra conflitos, ele veta. Deixa que cada feudo estabeleça suas próprias diretrizes, sem coordenação com os demais. Como os conflitos são inevitáveis nesse modelo, Bolsonaro só chega quando a situação já saiu do controle, quando não tem mais solução adequada. Sua única atuação é no sentido de vetar iniciativas que afetem negativamente sua base de apoio de um terço. Foi assim que vetou a recriação da CPMF, que vetou o aumento do preço dos combustíveis e chamou às falas o presidente da Petrobras, que enterrou uma reforma da previdência que não poupasse militares e policiais. E assim por diante.

Os problemas de coordenação se mostram nesses vários aspectos, portanto: um governo que não dispõe de quadros aptos, que não consegue elaborar e implementar uma agenda transversal, que não tem capacidade de produzir sinergia e eficiência entre ministérios, agências e estatais. Um governo altamente disfuncional, em suma. Não que dificuldades de coordenação e implantação de agendas transversais não existissem antes de Bolsonaro, pelo contrário. Mas antes de Bolsonaro o sistema político tinha encontrado, aos trancos e barrancos, uma solução mais ou menos funcional para o problema.

Nos vinte anos da República do Real, iniciada em 1994, ministérios, agências e estatais estiveram sob o risco de fragmentar a ação governamental, já que era sempre preciso administrar megacoalizões, em condições de alta fragmentação partidária. Os postos eram distribuídos a partidos e grupos parlamentares segundo sua força congressual. E a fragmentação tendia não apenas à ineficiência, mas também ameaçava bloquear a criação de uma "marca" de governo a ser usada no período eleitoral. Para resolver essa dificuldade,

PSDB e PT assumiram a tarefa de vertebrar os governos que lideravam.

Como a maior parte de sua energia estava posta nessa organização transversal dos governos que lideravam, esses dois partidos líderes tinham de "terceirizar" a busca de votos para outros partidos. Em um modelo em que os dois polos do sistema disputam o direito de gerenciar o mar de PMDBs entre eles, PT e PSDB não tinham condições de fazer bancadas congressuais expressivamente maiores a cada vez e, ao mesmo tempo, produzir um governo funcional. Simplesmente porque não há quadros disponíveis para desempenhar as duas tarefas ao mesmo tempo, era preciso balancear entre os dois objetivos.

Essa impossibilidade moldou como nenhuma outra o sistema político da República do Real. Afinal, os partidos líderes não estavam em condições de alcançar hegemonia congressual, já que dependiam dos PMDBs todos para angariar votos. Quem dirigia o governo não poderia se impor sobre todos os demais partidos na disputa eleitoral, usando todo o peso do governo federal em benefício de seu próprio partido, tinha de terceirizar a busca por votos. Ao mesmo tempo, a terceirização da busca de votos continha em germe a enorme fragmentação partidária que, afinal, terminou por explodir na década de 2010, multiplicando os feudos partidários dentro do governo e tornando a tarefa de coordenação de governo cada vez mais difícil e problemática.

Em lugar de um partido ou de um polo de partidos que vertebram o governo — como fizeram PSDB e PT no período da República do Real —, o papel de organização transversal foi assumido, no governo Bolsonaro, pelas Forças Armadas. Militares passaram a controlar não apenas postos importantes de primeiro escalão, mas, principalmente, a máquina estatal, ocupando cargos de segundo e terceiro escalões. De acordo com a reportagem de Leonardo Cavalcanti para o site

Poder360 de 6 de março de 2020,* nada menos do que 2897 integrantes da ativa das Forças Armadas tinham sido cedidos para ocupar cargos na administração pública. De 2018 para 2019, sem contabilizar militares da reserva, o aumento de militares da ativa cedidos ao governo foi de 48%. A mesma reportagem mostrou que de julho de 2019 a fevereiro de 2020, aumentou em quase 66% a presença de integrantes da ativa do Exército cedidos à administração pública. Oito dos 22 ministérios são ocupados por militares. Dois generais quatro estrelas da ativa ocupam as posições chave de ministro-chefe da Casa Civil (Braga Netto) e de Secretário de Governo (Luiz Eduardo Ramos).

Reportagem da *Folha de S.Paulo* de 5 de maio de 2020, de autoria de Renato Onofre e Talita Fernandes,** fez levantamento semelhante. Embora os resultados a que chegou com base em análise dos dados do Portal da Transparência não coincidam exatamente com os do levantamento do site Poder360, a constatação é não apenas semelhante, mas ainda mais radical. Como diz o abre da matéria, o "presidente Jair Bolsonaro (sem partido) irá aumentar a participação de militares em postos-chave no segundo e terceiro escalões para atenuar a entrada de indicados políticos do chamado Centrão. O núcleo duro do Planalto desenha um governo ancorado nas Forças Armadas".

Em resumo, Bolsonaro não apenas recuou para sua base mais fanática de apoiadores. Ele também aprofundou sua aliança com o partido militar. Trata-se, portanto, de uma estratégia baseada

---

* Leandro Cavalcanti, "Os 2897 militares no governo e a falta de quadros entre os aliados". *Poder360*, 6 mar. 2020. Disponível em: <https://www.poder360.com.br/analise/os-2-897-militares-no-governo-e-a-falta-de-quadros-entre-os-aliados>. Acesso em: 18 maio 2020.   ** Renato Onofre e Talita Fernandes, "Bolsonaro antecipa mudanças após saída de Moro e infla presença militar em postos-chave". *Folha de S.Paulo*, 4 maio 2020. Disponível em: <https://www1.folha.uol.com.br/poder/2020/05/bolsonaro-antecipa-mudancas-apos-saida-de-moro-e-infla-presenca-militar-em-postos-chave.shtml>. Acesso em: 18 maio 2020.

no tripé apoiadores fanáticos, partido militar e Centrão. Ou seja, uma base mínima de apoio social, uma aliança para o funcionamento do governo com o garante em última instância da lei e da ordem, uma base anti-impeachment. O acordo com o partido militar reforça a posição de Bolsonaro junto a sua base mais fanática de apoio na sociedade, altamente militarista, ao mesmo tempo que deve tornar palatável e fornecer uma base de legitimidade para que essa base radicalizada aceite como inevitável um acordo com o Centrão.

Aglutinar os militares que aceitaram participar do governo sob o rótulo "partido militar" só pode ser entendido em termos metafóricos. Os militares no governo não constituem nem podem vir a constituir um partido político, sob pena de perderem sua identidade e sua legitimidade social. Especialmente porque a rubrica "militar" passou a ser utilizada de maneira indiscriminada tanto para integrantes das Forças Armadas como para integrantes das polícias militares estaduais.

O pilar mais fundamental de sustentação de Bolsonaro sempre foi representado, desde antes de sua candidatura à presidência, pelas forças de segurança, as polícias militares em especial. Bolsonaro sempre atuou como líder sindical tanto das baixas patentes das Forças Armadas quanto das PMs, essa foi a sua base eleitoral primeira. Ao longo da campanha em 2018 e no exercício da presidência, Bolsonaro só fez ampliar sua influência nesses setores. Na eleição de 2018, foi cabo eleitoral de um número surpreendente de candidaturas bem-sucedidas aos legislativos estaduais e federal e aos executivos estaduais. No mesmo sentido, a presença de policiais militares em postos no governo só fez aumentar desde que assumiu. E o assustador motim da polícia no Ceará, em fevereiro de 2020, provavelmente só não se transformou em um movimento nacional por causa da pandemia de Covid-19. Esses são dados incontornáveis de qualquer análise do governo Bolsonaro.

Mas quando falo em "partido militar" me refiro apenas a integrantes das Forças Armadas. Até hoje, não se tem notícia de que militares oriundos de polícias estaduais que estão no governo federal tenham conseguido de fato funcionar com a unidade própria de um partido, de maneira coordenada e orgânica. E apesar de numericamente maiores em relação ao contingente das Forças Armadas, nem de longe as polícias estaduais têm a formação, o papel e os recursos de Exército, Marinha e Aeronáutica, a quem cabe a defesa do país e a garantia dos poderes constitucionais.

O que chamo aqui de "partido militar" se parece de fato com um partido político no aspecto decisivo da centralização das decisões. No caso das Forças Armadas, o que garante isso é o funcionamento segundo uma rígida organização hierárquica que se confunde com a própria identidade da instituição. Como toda instituição, estão presentes nas Forças Armadas posições e opiniões não só divergentes, mas mesmo incompatíveis entre si. A característica do partido militar no governo é de exigir unidade na ação depois que uma posição se impôs sobre as demais, garantindo a lógica hierárquica.

É essa característica que permite ao partido militar tentar desempenhar o papel de vertebrar o governo, como fizeram, cada um a seu tempo, PT e PSDB. Foi esse papel típico de partidos políticos que a ala militar foi chamada a desempenhar. Mais curioso ainda, a combinação de Bolsonaro com o partido militar se funda na fantasia de produzir uma espécie de pemedebismo tutelado: colocar não um cabo e um soldado, mas um oficial, ao lado de cada quadro indicado para um cargo por alguma força do Centrão. Não é novidade. Com variações, foi o que fizeram todos os governos da República do Real. Mas não é porque se vai substituir quadros do PSDB ou do PT que "vigiavam" os indicados pelos PMDBs por integrantes das Forças Armadas que o resultado será diferente.

Em sua primeira versão, durante o período Constituinte, entre 1987 e 1988, o Centrão foi uma estratégia defensiva da maioria conservadora do Congresso. Durante quase um ano de trabalho da Constituinte, a aliança progressista tinha demonstrado suficiente unidade, apoio e força para impor ao conservadorismo derrotas relevantes. O Centrão se organizou em reação e em contraposição a essa frente progressista. Entre a promulgação da Constituição e a crise do segundo mandato de Dilma Rousseff, a partir de 2015, o Centrão se dissolveu em um arquipélago mais amplo, o do pemedebismo do sistema político.

O Centrão renasceu, em 2015, pelas mãos do então presidente da Câmara, Eduardo Cunha. Retomou o nome "Centrão" da década de 1980 porque se posicionou — como o bloco conservador durante a Constituinte — contra um progressismo que passou a ser identificado exclusivamente com o PT e os partidos mais próximos dele no governo e não mais com a ampla frente progressista que tinha se formado na redemocratização. Mas passou também a ter novos sentidos, igualmente relevantes.

Em especial, o novo Centrão se organizou primordialmente como bloco para se defender de investidas da Lava Jato. E em ligação imediata com esse objetivo, passou de base de apoio a bloco de chantagem do governo Dilma Rousseff. O Centrão de Eduardo Cunha nasceu de um sistema político já então em frangalhos. Espelhava um governo que não conseguia governar e uma oposição que não conseguia se opor. Naquele início de 2015, a popularidade de Dilma Rousseff foi à lona em três meses. E o polo PSDB e DEM perdeu qualquer controle sobre a oposição congressual. Todos ficaram a reboque do Centrão, que desempenhava todos os papéis simultaneamente: era governo, oposição e base de apoio do governo, conforme a necessidade e o interesse do momento.

Não é de surpreender, portanto, que o Centrão tenha se tornado para parte relevante da opinião pública, juntamente com o PT, uma espécie de sinônimo de alvo da Lava Jato. Não é à toa que Michel Temer, dois meses após assumir a presidência e antes mesmo do afastamento definitivo de Dilma Rousseff, em agosto de 2016, tenha dito querer "desidratar essa coisa de Centrão". Não por acaso, já sob Bolsonaro, o próprio Centrão ensaiou, durante todo o ano de 2019, um reposicionamento no mercado político em que passaria a se chamar "centro democrático". Até filme publicitário chegou a ser divulgado com a tentativa de repaginação. Sem qualquer sucesso, como se sabe.

Em sua versão mais recente, posterior à prisão de Eduardo Cunha, o Centrão teve a coordenação de Rodrigo Maia. O Centrão com o qual Bolsonaro pretende contar é um que coloque para escanteio o atual presidente da Câmara dos Deputados, cujo mandato se encerra em fevereiro de 2021. O Centrão Bolsonaro é o Centrão carcará: pega, mata e come. Ou, na versão varanda gourmet do deputado Arthur Lira, candidato forte à sucessão de Rodrigo Maia na presidência da Câmara, é o "Centrão raiz". Tem apenas planos de curto prazo. Que consistem, no caso, em se apropriar do maior montante possível de fundos públicos pelo tempo que for possível. Se o impeachment for inevitável, paciência, sempre haverá um próximo governo que precisará de seu apoio, vida que segue. Como declarei em uma entrevista a Felipe Betim para o site do *El País*, em abril de 2020:* quando Roberto Jefferson entra na parada, é o beijo da morte de qualquer presidente. Foi assim com Fernando Collor, quase foi assim com Lula, que escapou por pouco.

A radical mudança de rumo e de discurso do atual presidente pode ser medida por uma intervenção do general Augusto Heleno, que Bolsonaro queria como seu vice e que hoje está à frente do GSI. Durante a convenção do partido pelo qual

---

* Felipe Betim, "Nobre: 'As chances de Bolsonaro são baixas. Quando Roberto Jefferson entra, é o beijo da morte de qualquer presidente'". *El País*, 26 abr. 2020. Disponível em: <https://brasil.elpais.com/brasil/2020-04-27/nobre-as-chances-de-bolsonaro-sao-baixas-quando-roberto-jefferson-entra-e-o-beijo-de-qualquer-presidente.html>. Acesso em: 18 maio 2020.

Bolsonaro foi eleito, o PSL, em 2018, Heleno fez uma paródia de um conhecido samba de 1980, "Reunião de bacana". O refrão original da canção diz: "Se gritar pega ladrão, não fica um, meu irmão". Na intervenção de Heleno: "Eu vou pela primeira vez na minha vida cantar em um microfone alguma coisa que não o hino pátrio: 'Se gritar pega Centrão, não fica um, meu irmão' [...]. O Centrão é a materialização da impunidade, ele vai lutar pela impunidade".

Com um histórico como esse, Bolsonaro sabe muito bem que o um terço de apoio no eleitorado de que dispôs até o agravamento da pandemia não o segue em sua totalidade nesse acordão com essa expressão máxima do "sistema", com o Centrão. Sua aposta é convencer pelo menos seus apoiadores mais fanáticos de que esse movimento é uma concessão tática inevitável "ao sistema" para sobreviver e manter seu mandato, para poder voltar à carga com o projeto autoritário mais adiante. E no caso desse seu núcleo mais fiel, profundamente identificado com o militarismo, é fundamental a apresentação da ideia juntamente com o aumento da presença militar no governo, a quem caberia "vigiar" os "infiltrados" do Centrão.

De qualquer maneira, o projeto de ancorar nesses termos o governo nas Forças Armadas só se tornou efetivamente possível quando Bolsonaro foi obrigado — por diferentes razões — a pôr fim à lógica de feudos, sendo o de Sérgio Moro o mais conhecido deles. O partido militar não poderia tentar coordenar o governo, impor-lhe uma lógica transversal, caso os feudos continuassem a existir. O partido militar não só não ficou triste com as demissões de Mandetta e de Moro como viu nelas uma oportunidade. Ocupa cada novo espaço que se abre, tende a estender suas pretensões de coordenação ao conjunto do governo.

Foi essa a configuração que Bolsonaro deu a seu governo depois de atingido pela pandemia. Ao demitir Moro, Bolsonaro disse que a máxima de manter seus inimigos bem perto não vale quando se trata de montar um governo de guerra, como o que ele decidiu montar desde que a pandemia atingiu em cheio seu governo. Desde agosto de 2019, Bolsonaro já tinha deixado claro para Moro que queria um Superintendente da Polícia Federal no Estado do Rio de Janeiro sob seu controle. Em um ano e meio de governo, a disputa passou por três diferentes nomes para essa Superintendência. E não houve acordo. Com a chegada da pandemia, Bolsonaro não poderia mais conviver com o risco de traição que Moro representava, dado o controle que tinha sobre investigações que diziam tanto a ele próprio quanto ao restante de sua família.

Em um governo de guerra, não pode haver ninguém com aprovação mais alta do que Bolsonaro no governo, tampouco com disposição e capacidade para fazer uso desses recursos para atacar o atual presidente em um momento de extrema fraqueza. Como a estatura de Bolsonaro é minúscula, o resultado só pode ser um governo insignificante. Qualquer integrante do governo maior do que o presidente passa a ser uma ameaça, pode passar a constituir uma alternativa ao presidente. É o que explica a demissão do ministro da Saúde, Luiz Henrique Mandetta. É o que explica pelo menos em parte a demissão de Moro.

O partido militar busca se blindar contra o destino que teve Sérgio Moro multiplicando suas posições dentro do governo, fazendo cada vez mais o papel de vertebrador da administração Bolsonaro. Concentrando poder, fazendo-se indispensável, em suma. Mas faz isso com a clareza e a disciplina de não poder pretender que nenhum dos seus se torne maior do que Bolsonaro. Já entendeu o recado do governo de guerra que foi montado. E tem sempre o respeito à hierarquia em relação ao presidente como desculpa e razão para engolir os sapos de variados tipos e tamanhos que Bolsonaro lhes serve cotidianamente.

O outro contraexemplo neste caso poderia ser o da ministra Damares Alves, que tem uma aprovação superior à de Bolsonaro, mas que tem estatura semelhante à do presidente. Além disso, é uma figura que não dispõe de recursos nem demonstrou disposição para usar a fraqueza do presidente para se projetar como alternativa a ele. Pelo contrário, é aquela que, em reunião ministerial, disse que iria pedir prisão para governadores e prefeitos que não se alinharam às posições destrutivas de Bolsonaro.

Governadores e prefeitos que, note-se, ganharam um protagonismo que só tiveram na década de 1980, mais precisamente até antes do Plano Real. Essa é uma novidade que vai moldar de maneira decisiva a política pós-pandemia. E mostra que o vácuo de governo produzido por Bolsonaro não foi ocupado apenas pelo Congresso e pelo STF, mas também por governadores. Ao decidir tomar os governadores como alvos, Bolsonaro pretende enquadrá-los como representantes do "sistema". Ao mesmo tempo, coloca esses mesmos governadores em um patamar político que não tinham antes.

O governo pode ser de guerra, mas o que importa para o Centrão é que o acordo seja para valer. Afinal, um país pemedebista se faz com cargos e obras. Mas mesmo que o Centrão tope o acordo, mesmo que ache que é para valer, existe ainda o imponderável da revolta da sociedade contra as desgraças da crise sanitária e da crise econômica, o desespero da fome e da falta de leitos de hospital, a raiva por Bolsonaro ter acrescentado às pragas todas uma crise política com o simples objetivo de tentar salvar o próprio pescoço. Acordos com o Centrão vêm sempre com a cláusula de força maior da inviabilidade. Caso se forme um apoio amplo e generalizado a um processo de impeachment, não há Centrão que vá conseguir segurar Bolsonaro.

Além disso, após a demissão, Moro está em uma situação em que sua sobrevivência política depende de seu poder de prejudicar Bolsonaro. Só assim poderá se projetar como alternativa ao atual presidente. Moro vai procurar acelerar o declínio de Bolsonaro e tomar parte do butim da queda do atual presidente. Porque, sem um juiz carismático, sem a Polícia Federal e com menor capacidade de mobilização da sociedade, a Lava Jato perde seus dentes. Livrar-se de Moro significou, para Bolsonaro, livrar-se do risco de que o ex-juiz usasse do poder e das informações que tinha para chantageá-lo em um momento de grande fraqueza de seu governo. Não apenas em relação à família Bolsonaro, diretamente. Moro poderia até mesmo usar seu poder sobre a Polícia Federal para reativar a Lava Jato a qualquer momento, ressuscitando a série de operações espetaculares e, assim, empurrar Bolsonaro para o precipício. Com Moro, Bolsonaro não teria como negociar com o Centrão. Sem Moro, precisa garantir que a Polícia Federal não fará o que fez de 2014 a 2018.

Sendo concluída a negociação iniciada com o Centrão após a instalação da pandemia de Covid-19 no país, muda a configuração feudal do governo no sentido de que os senhores feudais deixam de ser pessoas que representam setores do eleitorado que confluíram para a candidatura de Bolsonaro em 2018 (Moro, Guedes, Teresa Cristina) para se tornarem feudos de partidos. Esse processo de temerização do governo Bolsonaro para tentar evitar o impeachment tende a reproduzir o modo de funcionamento do governo Temer. A diferença aqui é o papel que terá (ou não) o partido militar que tenta produzir alguma coordenação de governo. No caso de Temer, essa coordenação não existiu na prática. Apenas a política econômica tinha unidade, o resto era tocado no dia a dia segundo os modelos anteriores de funcionamento da burocracia.

Como já mencionado, o partido militar dentro do governo pode muito bem se organizar para coordenar um governo e, nesse sentido, funcionar como se fosse um partido. Mas vai sempre lhe faltar um elemento essencial, característico de partidos: o poder mobilizador dirigido à disputa eleitoral. O partido militar pode organizar, mas não pode mobilizar.

Estar em um grupo de WhatsApp e se juntar a milhares de outras pessoas para apoiar, esculachar ou exigir a cabeça de alguém produz o sentimento de participar diretamente da política. Para qualquer pessoa que tenha familiaridade com a política institucional, parece evidente que essa é uma participação ilusória, na medida em que apenas reforça a figura do chefe, sem democratizar de fato as estruturas fundamentais da política. Mas para a base social bolsonarista, que considera nunca ter tido acesso aos ambientes de decisão política, em qualquer nível, isso provoca um êxtase participativo sem precedentes. A maneira de Bolsonaro operar via redes sociais cria a sensação de participar efetivamente da vida política, do governo. E mesmo que limitada, a capacidade desse tipo de atuação influenciar o rumo tomado por Bolsonaro não deve ser menosprezada.

Sirva de exemplo bastante precoce disso reportagem de Sérgio Roxo publicada pelo jornal *O Globo* de 3 de março de 2019.* Ali ficamos sabendo de um índice, criado pela startup Arquimedes, para medir o sentimento das redes sociais e que podia ser usado para entender decisões e recuos do governo Bolsonaro. Foram analisados casos como a ordem de Bolsonaro, transmitida via Twitter, para que o então ministro Sérgio Moro retirasse a indicação da cientista política Ilona Szabó para suplente do Conselho Nacional de Política Criminal e Penitenciária, ou o recuo do então ministro da Educação, Ricardo Veléz Rodríguez, da orientação dada por ele para que alunos, professores e funcionários das escolas lessem o slogan de campanha de Bolsonaro antes de cantarem o Hino Nacional. Segundo declaração de Pedro Bruzzi, fundador da Arquimedes, existe certo padrão nisso tudo: "Constatamos que, quando o nosso índice está abaixo de trinta em determinada polêmica, o governo pode rever sua posição. Acima de trinta, nada muda", disse ele. O mesmo valeu para a não mudança da embaixada em

---

* Sérgio Roxo, "Governo Bolsonaro: recuos coincidem com rejeição a temas nas redes sociais". *O Globo*, 3 mar. 2020. Disponível em: <https://oglobo.globo.com/brasil/governo-bolsonaro-recuos-coincidem-com-rejeicao-temas-nas-redes-sociais-1-23495533>. Acesso em: 18 maio 2020.

Israel, para a não instalação de uma base americana no país e para muitos outros temas desde a vitória de Bolsonaro em 2018.

O conjunto do governo se move entre esses dois polos: o mobilizador das bases sociais em rede, cujo emblema é o chamado gabinete do ódio, e o organizador, representado pelos militares. O partido militar cuida para que esse paredão de reality show não inviabilize o funcionamento da máquina do Estado e, portanto, do governo. Mas não tem controle sobre o núcleo mobilizador, não tem controle sobre Carlos Bolsonaro e sua máquina de desinformação e de propaganda. Nesse sentido, o acordo com o Centrão trai certa esperança do partido militar de que partidos políticos possam assumir o papel mobilizador fundamental para qualquer disputa eleitoral e, assim, isolar o polo mobilizador montado por Bolsonaro.

Não parece uma esperança com fundamento na realidade. Mas a parte das Forças Armadas que está no governo pode achar que é mais fácil fazer isso com um Bolsonaro fraco do que, por exemplo, com o vice-presidente, general Mourão. Como pode achar, ao contrário, que só com Mourão será possível conseguir alguma estabilidade no país. Seja como for, uma coisa é certa: qualquer movimento e concertação por um impeachment de Bolsonaro terá de passar necessariamente por um acordo com o partido militar.

O mundo pós-pandemia parece, hoje, muito distante. Mas precisamos pelo menos conseguir pensar o mais imediato, o momento pós-emergência dentro do longo ciclo pandêmico que temos diante de nós. Pensar que futuro pode ter o governo Bolsonaro em sua fase pandêmica exige primeiramente procurar evitar as armadilhas próprias de seu estilo de governar, seja na forma pré-pandemia, seja em sua versão pandêmica.

Uma das fantasias mais persistentes em relação à presidência de Bolsonaro é a de que ele será domado, amansado, enjaulado por pessoas ou instituições. Candidatos a amansadores e domadores desfilaram numerosos ao longo dos últimos dezoito meses. A fantasia interessada começou já durante a eleição, como estratégia de normalização de um candidato abertamente hostil à democracia e à diferença. Como todo outsider de sucesso, Bolsonaro sempre age como se estivesse permanentemente encurralado, embora seja o presidente. Avança e recua com a mesma desenvoltura, sempre em nome da suposta franqueza e humildade de um líder "autêntico". Age como se fosse tolhido pelas forças do "sistema", como se fosse a cada vez impedido de fazer o que "precisa ser feito", aquilo que o "povo" espera do "mito" que elegeu.

A versão mais recente da fantasia diz que ele é uma "rainha da Inglaterra" de um governo de fato dirigido por militares, o ministro-chefe da Casa Civil, general Braga Netto, sendo supostamente o presidente de fato. É a encenação da vez. Bolsonaro continua onde sempre esteve, e compará-lo a Elizabeth II é um elogio tão imerecido quanto compará-lo a Trump. É sempre bom lembrar que, em junho de 2019, Bolsonaro demitiu o general Santos Cruz porque estava tentando fazer exatamente o que se tenta agora, construir uma base sólida de sustentação do governo no Congresso. O substituto de Santos Cruz, o general (da ativa) Luiz Eduardo Ramos, foi repreendido por Bolsonaro, em março de 2020, por ter feito algo semelhante, por ter negociado uma saída para o impasse em que se encontrava a lei orçamentária.

Bolsonaro não pretende "administrar" um governo "normal". Quem se põe no caminho dessa lógica de funcionamento é jogado debaixo do ônibus, mesmo que sejam generais. A demissão de Santos Cruz também foi um sinal claro de que Bolsonaro não se renderá à ala militar de seu governo. Nem a qualquer outro grupo. Quando dá a impressão de que se rendeu, Bolsonaro se desmente em seguida, mostrando que se trata apenas de um recuo tático. É o caos como método em sua versão mais evidente.

Pensar que Bolsonaro pode mudar de rumo, que vai mudar seu projeto em função das novas circunstâncias é a miragem mais vistosa produzida por seu jeito de governar. Vai atrás dela quem quer. Bolsonaro não será domado por indivíduos ou instituições nem construirá uma base de apoio no Congresso à maneira de governos anteriores. Não é possível que percamos tempo com isso pela enésima vez. Especialmente quando não temos mais tempo a perder.

Bolsonaro está fazendo uso de um tempo e de condições que Fernando Collor ou Dilma Rousseff não tiveram. As atividades das instituições políticas foram enormemente dificultadas pelo necessário distanciamento social, quem pode e tem consciência da gravidade do momento está em casa, todos os esforços estão voltados para enfrentar a pandemia e seu cortejo de atrocidades. De maneira tétrica, Bolsonaro aproveita esse tempo de mortes e de sofrimento para organizar seu governo de guerra e sua sobrevivência pessoal. A encenação cotidiana da presidência de Bolsonaro é a do único homem livre em um país de confinados.

O atual presidente falhou inapelavelmente. Jogou fora o tempo precioso que nos tinha sido dado pela experiência de outros países para preparar o Brasil para enfrentar a crise. Como se não bastasse isso, ainda se deu e se dá o direito de atacar quem está colocando a mão na massa para encontrar soluções. A presidência de Bolsonaro transformou o escárnio em exercício de governo.

Tragicamente, no entanto, a abertura de um processo de impeachment neste momento seria uma irresponsabilidade só comparável ao descompromisso de Bolsonaro com a vida e com a democracia. Bolsonaro tem de ser e será responsabilizado pelas atrocidades que cometeu e comete. Mas a sobrevivência das pessoas vem antes de acertar as contas com um presidente irresponsável e desumano. Mais que isso, a confusão ainda é grande. No momento em que escrevo, maio de 2020, não se formou ainda a ampla maioria que exigirá a saída de Bolsonaro do poder. A abertura de um processo de impeachment nessas condições apenas fortaleceria Bolsonaro porque seria rejeitado pelo Congresso.

O momento do impeachment ainda não chegou. Mas chegará, se assim quiser a esmagadora maioria da sociedade. Bolsonaro tende a perder muito do apoio que ainda tem à medida que o "sistema" entra em colapso, que a clareza sobre suas motivações aumentar, que não lhe for mais possível escapar à responsabilização pelos efeitos deletérios das crises sobrepostas.

Enquanto o impeachment não pode acontecer, o que se fez foi tentar isolar Bolsonaro como foi possível. Partiu do sistema político a tentativa de minimizar o tombo na renda das pessoas, na arrecadação de estados e municípios, no faturamento das empresas. Não foi nem de longe suficiente, mas foi muito mais do que se poderia esperar em um momento em que o presidente insiste em negar a pandemia e luta contra qualquer organização do sistema para combatê-la. A resposta federal em termos de reorganização do sistema de saúde foi ainda mais insuficiente e caótica, estados e municípios entraram em um cada um por si altamente ineficiente. Todas as iniciativas ficaram a meio caminho. E foram inteiramente descoordenadas.

A insuficiência e o caráter errático e não poucas vezes deletério das medidas tomadas, somadas às incontáveis omissões do governo Bolsonaro, tendem a resultar em algo mais grave ainda do que o colapso institucional. Tendem a produzir o caos social, com multidões nas ruas por falta de alternativa, em desespero, em busca dos itens básicos para sua sobrevivência que lhes têm sido negados. Foi o que Bolsonaro encomendou ao montar seu governo de guerra.

Se a expressão "caos social" é adequada ou não, depende do que se entende por ela, evidentemente. O que quero dizer com ela aqui é uma conjunção de falência do sistema de saúde, de crise econômica aguda e de crise política desorganizadora. A fome é e será ainda mais uma realidade para milhões de famílias sem recursos para enfrentar a situação. A catástrofe definitiva seria a chegada desse desespero sem perspectiva às ruas, acrescentando explosão social às crises sobrepostas da saúde, da economia e da política.

Colocar o impeachment como horizonte de ação exige pensar as suas condições. Os próximos meses serão de crises agudas e sobrepostas. São crises que costumam acompanhar processos de impeachment. Além disso, como escrevi em um artigo para o caderno Ilustríssima da *Folha de S.Paulo* no final de abril de 2020, se experiências anteriores podem servir de guia, o afastamento da presidência tem pelo menos dois outros requisitos básicos simultâneos: baixa aprovação e altíssimo apoio à remoção do presidente. Estando correta a estimativa da dimensão do núcleo duro de apoio a Bolsonaro, aqueles aproximados 12%, e a suposição de que o atual presidente terá seu apoio reduzido a esse grupo, uma das condições estará teoricamente dada.

O que não significa em absoluto que essa base de apoio reduzida ao seu núcleo mais fiel deixará de brigar até a morte pela manutenção de Bolsonaro na presidência. Esse núcleo duro bolsonarista já mostrou repetidas vezes sua capacidade de mobilização e de enfrentamento, sua disposição para praticar violências de todo tipo. Já deu repetidas mostras da frieza e da firmeza de suas convicções autoritárias. Lutará contra o afastamento do atual presidente ao preço do caos social permanente, se necessário for. Não se trata de um apoio diminuto e desorganizado como o que tinha Fernando Collor em 1992, quando renunciou para escapar ao processo de impeachment. Também por isso, essa primeira condição só poderá ser efetiva se combinada a todas as demais.

A outra condição é que se forme uma maioria esmagadora, algo como dois terços ou mais do eleitorado, favorável ao afastamento.

Essa segunda condição será alcançada ainda menos espontaneamente do que a primeira. Não virá como mero efeito colateral das crises. Não é porque Bolsonaro poderá ver seu apoio reduzido a algo como 12% do eleitorado que uma maioria esmagadora se formará automaticamente a favor de seu afastamento. Essa segunda condição depende da formação de uma ampla frente de rejeição. Algum entendimento mínimo entre diferentes posições políticas tem de se formar com base na concordância de que Bolsonaro representa um risco grande demais ao país e à democracia para continuar na presidência.

Formar uma frente democrática de grande amplitude vai exigir, por exemplo, uma mudança na atitude de continuar a tentar colocar a culpa em alguém — no PT, no governo Dilma, no golpe de 2016, no governo Temer, nas elites, em grupos religiosos, nas Forças Armadas —, como se isso pudesse nos tirar do buraco em que nos metemos. A formação dessa ampla frente de rejeição a Bolsonaro depende também de que o sistema político como um todo se entenda sobre os termos da deposição. E aqui é decisivo lembrar que esse tipo de entendimento tem dois modelos bastante diferentes na história recente do país.

O impeachment de Collor contou com o apoio praticamente unânime do sistema político. Houve um grande acordo para que Itamar Franco, o então vice-presidente, assumisse e completasse o mandato. E a celebração do acordo não incluiu necessariamente a participação no governo de Itamar Franco, do qual não participou, por exemplo, o PT, partido decisivo na luta pelo impeachment de Collor.

O outro modelo de entendimento do sistema político para deposição por impeachment foi a parlamentada de 2016, que derrubou Dilma Rousseff. Diferentemente do amplo entendimento que prevaleceu no impeachment de Fernando Collor, a deposição de Dilma Rousseff representou uma profunda divisão na política oficial e na sociedade. Foi um movimento de autofagia, uma parte do sistema pretendendo entregar a outra aos leões do lavajatismo para tentar salvar sua própria pele.

O impeachment bem-sucedido de Bolsonaro exigirá um acordo de amplitude semelhante àquele que derrubou Collor. Exigirá a superação de mágoas e ódios acumulados durante anos e que até hoje moldam estratégias e decisões das forças políticas. Como no impeachment de Collor, o movimento terá de incluir governadores de estado, figuras que se tornaram novamente proeminentes como foram do início da década de 1980 até 1994. Terá ainda de incluir também algo bastante novo, o partido militar e, em particular, o vice-presidente, general Hamilton Mourão.

O que por si só já traz dificuldades adicionais. O fato de o partido militar não ser de fato um partido político dificulta a conversa com o sistema político. Acontece que as Forças Armadas não podem sair nem sairão humilhadas de um governo Bolsonaro, constituem um ator político incontornável. Sem o seu acordo, qualquer tentativa de impeachment levará a um grave impasse.

Ao mesmo tempo, uma frente ampla pró-impeachment terá de exigir garantias de que um eventual governo Mourão não será uma continuidade do governo Bolsonaro. Isso é tanto mais relevante porque, quando do impeachment de Collor, não havia ainda a dificuldade adicional presente agora, a da possibilidade de reeleição. O fato de Itamar Franco, então vice-presidente de Collor, não ter tido a possibilidade de ser candidato à sua própria sucessão facilitou em muito os arranjos. Facilitou sobretudo a adesão da esquerda, já que Lula despontava naquele momento como o favorito da eleição presidencial seguinte.

Qualquer tentativa de impeachment nos moldes da parlamentada que derrubou Dilma Rousseff simplesmente não terá sucesso. E mesmo que tivesse chances de ser bem-sucedido, resultaria apenas no prolongamento da crise. Sem apoio da direita e da esquerda democráticas, não haverá impeachment capaz de regenerar a democracia brasileira. Somente um amplo acordo permitirá deixar o pior para trás. Derrubar Bolsonaro só será possível se esse grande acordo não tiver caráter diretamente eleitoral ou de negociação sobre a composição do futuro governo. Não pode ser um acordo em torno de nomes.

Um afastamento virtuoso de Bolsonaro só será possível se for firmado um pacto para estabelecer as novas condições da convivência e da competição política, se significar o estabelecimento de bases comuns para um país sem Bolsonaro na presidência. A base de um pacto como esse é uma correta avaliação da correlação de forças. Na situação atual, a esquerda não dispõe de recursos para levar adiante sozinha o impeachment, muito menos para dirigir um governo pós-impeachment. Ao mesmo tempo, participar de um impeachment sem negociar novas regras de convivência política para o futuro implica que uma eventual vitória eleitoral da esquerda em 2022 não significará que vá conseguir governar. Muito provavelmente o contrário disso é verdadeiro.

Ninguém conseguirá governar sem uma regeneração da democracia no país, aliás. Nem a direita. Ficou claro que a tentativa da direita de instrumentalizar a extrema direita para passar sua agenda em um ambiente de colapso institucional produziu uma instabilidade ainda maior do que durante o segundo mandato de Dilma Rousseff. Ou a direita se dispõe a negociar novas regras de convivência política com a esquerda, ou também será engolida pelo turbilhão, sem qualquer chance de, um dia, voltar a dirigir o país após uma vitória eleitoral.

Mas, não obstante todos esses desafios, sempre pode haver ainda quem insista em se apegar interessadamente às miragens que Bolsonaro produz. Pode haver quem continue a achar, à direita, que é bom ter Bolsonaro fraco, pronto para ser usado na implementação da agenda do interessado. Apesar de todos os desmentidos cotidianos, sempre vai aparecer quem venha com a conversa fiada de que é capaz de colocar uma focinheira permanente no atual presidente.

Da mesma maneira, sempre pode haver quem, à esquerda, entenda que lutar pelo impeachment serve somente à tática eleitoral. Nessa lógica, o impeachment em si mesmo não é para valer, serve apenas para marcar posição, de modo que não é necessário buscar um amplo entendimento na sociedade, a direita democrática incluída. O resultado dessa atitude será fortalecer o colapso institucional que a esquerda herdará caso chegue ao segundo turno em 2022 e vença as eleições.

Se forem esses os caminhos decididos por diferentes forças políticas na sociedade e no sistema político, se a direita e a esquerda democráticas não procurarem se entender, o resultado será a continuidade do colapso institucional que vivemos desde Junho de 2013. Será a continuidade do ambiente propício ao surgimento de Bolsonaros. Será a continuidade do risco para a sobrevivência da própria democracia. Até hoje, qualquer pessoa que escreve a história recente do país tem de começar em 2013 e terminar no precipício. E assim continuará enquanto o fosso que se tornou visível em Junho não for tematizado e coletivamente superado.

Politicamente, o que mudou nessa crise foi que Bolsonaro perdeu a autoridade para continuar a ser presidente. Mas, hoje, ninguém confia em ninguém. A política virou terra sem lei. São altamente exigentes as condições para que o impeachment de Bolsonaro seja um movimento de regeneração da democracia e não uma iniciativa que apenas agrave o colapso institucional que já vivemos. Mas não existe outra saída positiva para a longa crise que vivemos.

A política de morte de Bolsonaro se aproveita do período de necessário isolamento, com seus enormes obstáculos à articulação política, para fazer um acordo de sobrevivência com o Centrão. As forças democráticas têm certamente de usar este tempo para salvar vidas. Mas precisam fazer mais do que isso. É preciso também olhar adiante, é preciso produzir acordos mínimos em vista do impeachment de Bolsonaro. É preciso martelar cotidianamente na contradição entre o discurso de Bolsonaro e seu acordo com a parte carcará do Centrão. É preciso não afastar, em princípio, nenhuma força que se disponha a integrar essa ampla convergência anti-Bolsonaro. Esse é um movimento que pode e que deve começar desde já.

Cada vida que perdemos traz a dúvida inevitável: será que essa morte poderia ter sido evitada se não fosse a irresponsabilidade e a desumanidade de Bolsonaro com a população de seu próprio país? A raiva desmesurada que desperta o escárnio presidencial pela vida precisa encontrar a sua devida canalização institucional democrática, não pode transbordar no desejo de morte que seria, no fundo, uma confirmação da cultura bolsonarista. Como disse João Cabral de Melo Neto: "é difícil defender,/ só com palavras, a vida". É exatamente para isso que temos a política. Tomara que saibamos fazer bom uso dela.

ANEXO

O que fazer de Junho de 2013?

O sinal de alarme para a lógica pemedebista da governabilidade veio com as revoltas de Junho de 2013, que deram claros sinais de que esse modelo tão particular da política brasileira desde a redemocratização tinha se esgotado. O sistema político não entendeu ou não quis entender que a estabilização político-econômica inaugurada pelo Plano Real em 1994 já não se sustentava e que um novo arranjo precisaria ser criado. E, no entanto, a maior parte dos partidos da direita e da esquerda democráticas se encastelou no sistema político, contando poder dirigir o processo de cima, mesmo que fosse ao custo da autofagia que resultou na parlamentada de 2016, que destituiu Dilma Rousseff. Ao se blindarem contra a energia das ruas reais e virtuais, essas forças simplesmente perderam o controle do processo. E jogaram fora uma chance inédita de reformar a democracia brasileira.

Essa chance de um salto para a frente já foi perdida, não há como recuperá-la a curto prazo. Mas, por incrível que possa parecer, essa perda irreparável é aproveitada por interpretações retrospectivas para desacreditar a existência de qualquer potencial de renovação democrática em Junho. Uma característica comum às duas correntes interpretativas que considero hegemônicas no debate público brasileiro sobre o que aconteceu desde Junho de 2013 é reproduzir, cada uma à sua maneira, a versão oficial do sistema político de que Junho foi apenas risco e ameaça. E que fatores exógenos atrapalharam o funcionamento de um sistema político que ia muito bem, obrigado.

Chamo a primeira vertente explicativa de referência no debate público de "teoria do ovo da serpente".* A segunda recebe aqui o nome de "teoria da quebra das regras informais das instituições".** Ambas as vertentes explicativas são muito bem-vindas por se oporem ao irritante bordão segundo o qual "as instituições estão funcionando normalmente". Ainda que tenhamos sido obrigados a ouvir esse disparate até bem recentemente, parece ser hoje consenso nas tentativas de explicação que vivemos uma crise. Ou, mais exatamente, que vivemos em crise.

Como em qualquer diagnóstico do tempo presente, também no caso dessas duas vertentes está pressuposta — implícita ou explicitamente — certa caracterização do passado e alguma projeção no futuro. Quando o futuro parece nebuloso demais, o peso do passado acaba ficando ainda maior. Sabemos que processos históricos são sempre mais longos do que conseguimos normalmente enxergar, e cada uma dessas duas vertentes explicativas também faz retroagir suas análises para além das marcações temporais que estabelecem para a eclosão mais visível da crise atual. Há, portanto, pelo menos duas marcações temporais: uma mais imediata, ligada à direta eclosão da crise, e outra marcação para seu início mais remoto, algo como uma origem mais longínqua da turbulência atual.

A teoria do ovo da serpente estabelece como marco mais próximo do início da crise atual as revoltas de Junho de 2013. Ali teria se iniciado a atual regressão autoritária. No momento em que as forças de esquerda teriam sido expulsas das ruas e

---

* A origem da expressão é shakespeariana: "É como um ovo de serpente/ Que, chocado, cresce maligno;/ Que morto seja em sua casca" ("*And therefore think him as a serpent's egg/ Which hatch'd, would, as his kind grow mischievous;/ And kill him in the shell*", *Júlio César*, Ato II, Cena I). A expressão ganhou sentido contemporâneo específico com o filme homônimo de Ingmar Bergman, que usa a metáfora para falar da ascensão do nazismo na Alemanha.

** Essa caracterização se inspira em formulações do livro de Steven Levitsky e Samuel Ziblatt, *Como as democracias morrem* (Rio de Janeiro: Zahar, 2018).

que as forças da reação teriam tomado a liderança dos protestos, já estariam prefigurados os dois principais eventos que se seguiram: a deposição de Dilma Rousseff e a prisão de Lula. E, por fim, o momento culminante dessa mudança histórica, a eleição de Bolsonaro, em 2018.

A teoria da quebra das regras informais considera Junho de 2013 um evento exógeno, sem ligação direta com o funcionamento do sistema político. Por isso, estabelece como marco de referência mais próximo o período de transição do primeiro para o segundo mandato de Dilma Rousseff. Sustenta que a crise se instala a partir do momento em que o perdedor da eleição presidencial de 2014, o PSDB, decide questionar na Justiça o resultado. Nessa visão, as coisas iam relativamente bem com o presidencialismo de coalizão até que esse ato dá início a quebras de regra em série que culminam na eleição de Bolsonaro.

A teoria do ovo da serpente localiza a origem um pouco mais remota da crise no ciclo de governos petistas de 2003 a 2016. Com variações, a tese subjacente é a de que as grandes transformações sociais desse período teriam produzido efeitos que não puderam ser administrados mediante o modelo de conciliação de classes típico dos governos petistas, chegando, portanto, a seu limite. A teoria da quebra das regras informais localiza a origem mais remota da crise na Constituição Federal de 1988, que teria imposto um desenho institucional cujas falhas construtivas teriam ficado evidentes a partir de 2014. Esta vertente explicativa sustenta que foi a adesão do sistema partidário a quebras de regra que já tinham sido praticadas antes pelo Judiciário — pelo STF, em especial — que levou a crise para o coração do próprio sistema político.

Nem sempre o que chamo aqui de teoria da quebra das regras informais leva em conta a economia em suas análises do sistema político. Mas, quando o faz, insiste na coincidência entre recessão e crise política, em que um evento reforça o outro. Já para a teoria do ovo da serpente, a crise econômica é um elemento essencial para explicar a crise política. Mas atribui a crise seja à crise global, seja à quebra do pacto proposto pelo PT enquanto esteve no poder, seja a uma combinação das duas coisas.

Ambas as explicações também guardam um papel de grande relevância para o Judiciário na definição da crise. No caso da teoria do ovo da serpente, o Judiciário teria se tornado um ator político com agenda própria e independente, sobretudo sob o manto da Operação Lava Jato. Seu alvo preferencial teria sido o PT, em particular após o julgamento da Ação Penal 470 pelo STF, em 2012. No caso da teoria da quebra das regras informais, o marco inicial da intromissão do Judiciário no que estaria para além de sua competência teria se dado na derrubada da cláusula de barreira pelo STF, em 2006. Nesse caso o STF surge como elemento exógeno ao sistema político e sua atuação como uma intromissão indevida. O fato de ter tomado decisões como essa de 2006 indicaria também haver um sério problema de desenho institucional e constitucional na base dessas intromissões. A Lava Jato teria vindo agravar ainda mais esse quadro.

É de grande importância o surgimento de uma teoria como a da quebra das regras informais. Entre outras coisas, porque mostra que o funcionamento das instituições depende de maneira crucial de algo que está, por assim dizer, fora delas, que diz respeito a algo que poderíamos chamar de uma cultura política democrática. Uma teoria que mostra que a própria consideração do que seria "endógeno" e "exógeno" às explicações deve voltar à mesa de discussão, não podendo mais ser referida simplesmente às regras institucionais como evidentes por si mesmas. É uma abertura teórica de grande importância, já que permite, em princípio, pelo menos, estabelecer um diálogo produtivo com uma perspectiva como a da teoria do ovo da serpente, que se caracteriza por uma tal abertura, justamente.

Ao mesmo tempo, essa abertura de teorias de matriz institucionalista para uma reavaliação de suas bases e de seu alcance deveria implicar também a necessidade de reconsideração do passado. Exigiria, por exemplo, rever a tese de que o presidencialismo de coalizão estava funcionando bem até 2014. Esse pressuposto torna em boa medida casuísticas suas explicações de por que, afinal, deixou de funcionar. E torna difícil classificar a explicação que faz retroagir as dificuldades atuais até o desenho constitucional de outra maneira que não como uma explicação ad hoc, especialmente desenhada para tentar justificar a posteriori déficits e falhas nas bases de funcionamento do modelo.

Tomemos, por exemplo, seu próprio marco temporal, a eleição presidencial de 2014. A República do Real, iniciada em 1994, armou um modelo em que dois polos disputavam quem iria liderar o pântano de PMDBs entre as duas margens de terra firme. Mas, já na eleição de 2014, o modelo em dois polos, organizado em torno do PT e do PSDB, mostrou que estava em crise. Parte relevante do eleitorado que, desde 1994, tinha estacionado no PSDB, guardou seu voto durante boa parte da campanha de 2014 em outro estacionamento, aquele de Marina Silva. Foi só às vésperas do primeiro turno que essa parte relevante do eleitorado voltou para o estacionamento tucano e votou em massa em Aécio Neves. Não se trata de dizer que não tenha sido grave e plena de consequências a decisão de colocar em dúvida a lisura do pleito, das urnas eletrônicas, pelo PSDB. Mas é um evento que torna difícil argumentar que a crise só começou depois da eleição de 2014, que até a eleição o modelo vinha funcionando bem.

Contrariamente à teoria da quebra das regras informais, o argumento econômico desempenha papel central na explicação da teoria do ovo da serpente, que considera como endógenos muitos dos elementos que a teoria da quebra das regras informais costuma considerar como exógenos. Junho de 2013 seria de alguma maneira um prenúncio da crise que se consolidaria apenas no fim de 2014. E a crise econômica teria vindo agravar a crise política. É um argumento que precisa ser relativizado — no que diz respeito ao marco temporal mais próximo da crise, pelo menos. Afinal, no fim de 2014, nem de longe a recessão já tinha começado a produzir os efeitos devastadores que teria a partir de 2015. Para dar apenas um exemplo entre muitos possíveis: a taxa de desemprego em dezembro de 2013 e em dezembro de 2014 foi a mesma: 4,3%, a menor desde o início da série histórica, em março de 2002, registre-se. É um dos muitos indícios de que a crise econômica não constitui argumento convincente para explicar Junho de 2013, marco temporal escolhido pela teoria do ovo da serpente. Dizer que Junho teria "prenunciado" a crise econômica, tentar buscar indícios de que a população teria de alguma maneira visto a crise antes de ela acontecer é ainda menos convincente.

Ao mesmo tempo, a teoria do ovo da serpente se apoia sobre uma premissa que serve perfeitamente para que o sistema político se absolva a si mesmo de todos os gravíssimos equívocos que cometeu em resposta às revoltas de Junho.* Ao condenar Junho de 2013 como resultando no final das contas em um movimento reacionário, essa teoria serve de justificativa a posteriori para todas as atitudes equivocadas tomadas pelo sistema político desde então. Serve em especial para absolver a priori o PT, caracterizado como mera vítima de um processo que deixou de controlar.

Essa posição também não ajuda a compreender o papel que teve o Judiciário no pós-2013. É certo que Lula — e somente ele — foi excluído da eleição e que esse é um tipo de assédio judicial inaceitável. Mas entender tudo o que aconteceu no

---

* Ou seja, também perspectivas de análise à esquerda colaboram para a neutralização dos potenciais de transformação de Junho. Se a direita se vale de qualificações como "protesto pacífico" (passando à categoria de "vandalismo" quando há violência contra a propriedade), a esquerda evita o termo "revolta" e dá preferência a fórmulas neutras como "jornadas", "marchas" ou "protestos" de Junho. Sobre isso, ver ainda Robin Celikates, "Civilidade radical? Desobediência civil e a ideologia da não violência" (*Dissonância: Revista de Teoria Crítica*, v. 4, 2020).

Judiciário desde 2013 como tendo esse único objetivo não permite entender de maneira complexa o que aconteceu. No entanto, essa simplificação é um elemento fundamental da teoria do ovo da serpente.

A simples remissão à democracia não é mais suficiente para produzir o terreno comum sobre o qual se desenham as diferenças e as disputas. Há uma ruptura de fundo, aparentemente irreconciliável, entre diferentes estratos sociais e econômicos. É uma ruptura que tem a ver com as regras de redistribuição de recursos pelo Estado. É uma ruptura em relação à cultura política democrática de fundo na qual as divergências podem ser elaboradas publicamente. É isso o que está em crise na democracia.

As diferentes teorias e visões da crise que apresentei sumariamente aqui não podem por si sós mudar essa situação. Mas podem ter papel decisivo na mudança de visão sobre os problemas fundamentais da crise atual. Podem colaborar decisivamente para uma tentativa de recomposição do chão democrático comum que perdemos, em lugar de cavar ainda mais fundo na impossibilidade de concertação entre os diferentes campos políticos. Podem colaborar decisivamente para identificar pontos de acordo possíveis em uma necessária repactuação das regras de convivência e de competição eleitoral.

Para isso, seria um bom começo deixar de demonizar retrospectivamente Junho, ou o desenho constitucional de 1988, ou atitudes e decisões isoladas de partidos ou do Judiciário. E, correspondentemente, deixar de caracterizar como exemplar o funcionamento do sistema político na República do Real, deixar de justificar como corretas e necessárias decisões e omissões dos partidos ao longo desse período que não fizeram senão contribuir para o desencadeamento e para a impressionante dimensão de nossas crises sobrepostas. É uma mudança de atitude que, hoje, ajudaria a desemperrar boa parte da conversa sobre a necessidade de regeneração da democracia no país.

Sobre o autor

Marcos Nobre é professor do Departamento de Filosofia da Unicamp, presidente do Cebrap e codiretor do Mecila. Pela Todavia, publicou *Como nasce o novo* (2018). Também é autor de *Lukács e os limites da reificação*, *A dialética negativa de Theodor W. Adorno*, *A Teoria crítica*, *Imobilismo em movimento*, entre outros livros.

© Marcos Nobre, 2020

Todos os direitos desta edição reservados à Todavia.

Grafia atualizada segundo o Acordo Ortográfico da Língua Portuguesa de 1990, que entrou em vigor no Brasil em 2009.

capa
Todavia
revisão
Huendel Viana

7ª reimpressão, 2023

Dados Internacionais de Catalogação na Publicação (CIP)

Nobre, Marcos (1965-)
  Ponto-final : A guerra de Bolsonaro contra a democracia / Marcos Nobre. — 1. ed. — São Paulo : Todavia, 2020.

  ISBN 978-65-5692-026-9

  1. Situação política — Brasil. I. Título.

CDD 320.981

Índice para catálogo sistemático:
1. Situação política : Brasil 320.981

Bruna Heller — Bibliotecária — CRB 10/2348

todavia
Rua Luís Anhaia, 44
05433.020 São Paulo SP
T. 55 11. 3094 0500
www.todavialivros.com.br

fonte
Register*

Pólen natural 80 g/m²
impressão
Meta Brasil